O EVANGELHO DA PAZ E O DISCURSO DE ÓDIO

O EVANGELHO DA PAZ E O DISCURSO DE ÓDIO

{ DANIEL GUANAES TOMÁS CAMBA ANDREI VENTURINI DAVI LAGO
MAURÍCIO ZÁGARI DAVID KOYZIS CRAIG BLOMBERG JOÃO FELIPPE CURY
RICARDO BITUN ROBINSON GRANGEIRO LEANDRO BACHEGA
MARISA LOPES TIMOTHY DALRYMPLE }

Copyright © 2021 por GodBooks Editora
Publicado por GodBooks Editora

Edição Maurício Zágari
Capa Rafael Brum
Revisão Rosa Maria Ferreira
Diagramação Luciana Di Iorio

Os pontos de vista dessa obra são de responsabilidade dos autores e
colaboradores diretos, não refletindo necessariamente a posição da
GodBooks, da Thomas Nelson Brasil ou de suas equipes editoriais.

Todos os direitos reservados e protegidos pela Lei nº 9.610, de
19/02/1998.
É expressamente proibida a reprodução total ou parcial deste livro, por
quaisquer meios (PDFs, eletrônicos, mecânicos, fotográficos, gravação e
outros), sem prévia autorização, por escrito, da editora.

Os capítulos 2, 4 e 11 (escritos originalmente em inglês) foram traduzidos
por Marisa Lopes. As ilustrações do capítulo 11 foram gentilmente
cedidas pela revista *Christianity Today*.

CIP-Brasil. Catalogação na publicação
Sindicato Nacional dos Editores de Livros, RJ

E92
O evangelho da paz e o discurso de ódio/[organização e 1.ed. tradução
de 3 capítulos Marisa Lopes]. – 1.ed. – Rio de Janeiro: GodBooks;
Thomas Nelson Brasil, 2021.
224 p.; 13,5 x 20,8 cm.

Vários autores.
ISBN: 978-65-56892-46-7

1. Cristianismo. 2. Evangelização. 3. Discurso de ódio. 4. Igrejas.
5. Paz. 6. Teologia social. I. Lopes, Marisa.

06-2021/06   CDD 261.873

Índice para catálogo sistemático:
1. Cristianismo e paz: Teologia social

Categoria: Cristianismo e sociedade

Publicado no Brasil com todos os direitos reservados por:
GodBooks Editora
Rua Almirante Tamandaré, 21/1202, Flamengo
Rio de Janeiro, RJ, Brasil, CEP 22210-060
Telefone: (21) 2186-6400
www.godbooks.com.br
Fale conosco: contato@godbooks.com.br

1ª edição: agosto de 2021

INTRODUÇÃO: UNIDADE E PAZ: O QUE TEMOS A VER COM ISSO?
MAURÍCIO ZÁGARI.. 11

UM: AS SOMBRAS DA POLARIZAÇÃO
ANDREI VENTURINI MARTINS.............................. 29

DOIS: POLÍTICA E IDOLATRIA
DAVID KOYZIS.. 43

TRÊS: ONDE ESTÁ O AMOR NESTES TEMPOS DE CÓLERA?
JOÃO FELIPPE CURY... 57

QUATRO: O QUE JESUS DIRIA SOBRE A DIVISÃO PÚBLICA ENTRE CRISTÃOS?
CRAIG BLOMBERG... 75

CINCO: PRECISAMOS COMBATER A POLARIZAÇÃO E O
DISCURSO DE ÓDIO NO BRASIL E NO MEIO CRISTÃO
MARISA LOPES 89

SEIS: A RELAÇÃO PSICOTEOLÓGICA NO PROBLEMA DA
DIVERGÊNCIA, DO ÓDIO E DA FALTA DE UNIDADE NA IGREJA
DANIEL GUANAES 103

SETE: A BANDA DE CÁ, A DE LÁ E A DE DEUS
RICARDO BITUN 117

OITO: FÉ, ESPERANÇA E AMOR: AS DUAS CIDADES

LEANDRO BACHEGA 131

NOVE: O DOM DA AMIZADE E OS EMBATES ENTRE IRMÃOS

TOMÁS CAMBA 143

DEZ: PROCURAM-SE CRISTÃOS COMO *SYZIGOS*: UM APELO À CONCÓRDIA

ROBINSON GRANGEIRO 157

ONZE: A FRAGMENTAÇÃO DA ALMA EVANGÉLICA: POR QUE ESTAMOS NOS DIVIDINDO E COMO PODEMOS NOS UNIR NOVAMENTE

TIMOTHY DALRYMPLE 173

DOZE: VIOLÊNCIA VERSUS O EVANGELHO DA PAZ: O CONTEXTO BRASILEIRO

DAVI LAGO 191

CONCLUSÃO

MARISA LOPES E MAURÍCIO ZÁGARI 205

NOTAS.. 209

INTRO

INTRODUÇÃO

Unidade e paz: o que temos a ver com isso?

MAURÍCIO ZÁGARI

A sociedade brasileira vive nos últimos anos um fenômeno *sui generis*. Em um país em que, até bem pouco tempo atrás, as divisões principais da população ocorriam por conta de torcidas por times de futebol ou escolas de samba, viu-se desenhar um cenário de abissais separações político-ideológicas. Por conta de paixões pelo político Fulano ou Beltrano, pelo partido X ou Y ou pela ideologia A ou B, amigos se afastaram, familiares se ofenderam, membros abandonaram igrejas, seres humanos odiaram seres humanos e o diabo sorriu. Se esse fenômeno, francamente pautado na natureza adâmica da humanidade, avassalou a sociedade como um todo, a Igreja de Jesus Cristo não ficou de fora.

Contaminados pelo espírito dos nossos tempos, como peixes em um aquário de águas poluídas, os cristãos caíram na arapuca da polarização e do ódio. O resultado é um cenário caótico, com redes sociais tóxicas e beligerantes servindo de palco para uma verborragia feita "em nome de Jesus" — que em nada lembra Jesus.

Como resultado da associação de projetos de poder político-partidário-ideológicos com pessoas, grupos e discursos pertencentes ao cristianismo católico romano ou evangélico, vimos o coração de incontáveis cristãos ser tomado de assalto, à velocidade de uma invasão bárbara, por tudo o que vem na rebarba da polarização: ódio, divisões, facções, sectarismo, separações, ofensas, agressões e um gosto nada salutar pela desqualificação do discordante, pelo deboche, pela ironia e por um modo de (não) dialogar que faria Hegel se revirar no túmulo.

Deflagrada nas manifestações de junho de 2013 e amplificada pelo advento das redes sociais, a polarização da população brasileira atingiu um ponto crítico nas eleições de 2018. Ali, no calor da campanha eleitoral, enorme parte da Igreja foi cooptada. Muitos, bem-intencionados no desejo de combater pautas consideradas ataques imorais a valores preciosos do cristianismo, se deixaram enganar pela ideia de que o meio de zelar pelo que é importante à fé cristã é agredindo, odiando e agindo com fúria contra quem se opõe. Sem perceber, começaram a usar as armas do diabo para defender o evangelho de Cristo. E, aos poucos, a agressão e o ódio a quem pensa diferente se cristalizaram como meios supostamente aceitáveis de lidar, "em nome de Jesus", com as divergências.

O resultado é que nosso país se tornou, em grande parte, cego e surdo, embora nem um pouco mudo. Os grupos se autoguetificaram e elegeram seus aliados e inimigos, fechando os

INTRODUÇÃO

olhos e os ouvidos ao que vem "de lá" e abrindo a boca sem cessar para, "de cá", tão somente falar — com a ajuda de algoritmos e bolhas ideológicas. Os polos construíram fortalezas contra o diálogo e passaram a repudiar de forma furiosa o que já estabeleceram como sendo valores, ideias e até vocabulários do "outro lado".

O diálogo que leva à evolução tornou-se escasso. *Lives* de internet, conferências, encontros e movimentos passaram a ser promovidos somente com quem concorda entre si, no intuito de desqualificar quem não concorda. Cessou a troca, interditou-se o espaço para discordâncias saudáveis e o irenismo desapareceu das conversas. A triste tônica lida nas entrelinhas do discurso de muitos cristãos é: ou concorda comigo e venha cá receber um abraço ou, se discorda de mim, eu o bloqueio e você que vá arder no mais profundo do inferno.

Nosso país dividiu-se, separado por abismos cujo fundo não se enxerga. Esquerda e direita, progressistas e conservadores, adeptos do político A contra adeptos do governador B, defensores da máscara e da vacina contra opositores da máscara e da vacina... tornamo-nos o paraíso dos rótulos sectaristas, onde até mesmo aqueles que buscam o equilíbrio e o diálogo acabam se tornando alvo de ataques — rotulados de *isentões,* termo cunhado pela narrativa do ódio para desqualificar o discurso de pacificação, reconciliação e dialética e, com isso, manter as vozes nos extremos. Fato é que tudo foi fagocitado pelo campo semântico e ideológico da polarização e parece que poucos enxergam o mal que isso causou, causa e causará ao nosso país e às relações humanas.

Especialmente entre cristãos.

Se a Igreja jamais foi monolítica e unânime, mas sempre vicejou em pluralidade e divergências internas, em dias de polarização e redes sociais o fenômeno parece ter alcançado um ponto de fragmentação sem precedentes. Hoje, muitos cristãos enxergam outros cristãos que deles divergem com olhar extremamente sectário e como se a graça justificadora não tivesse efeito na vida de tais pessoas por conta de suas divergências — com ataques, ira, questionamentos de sua salvação e desqualificações de suas boas intenções. "Não se pode ser cristão e ser X" virou afirmação canônica nas redes sociais. Sobre esse problema, bem posicionou o escritor Gutierres Fernandes Siqueira:

> O sectarismo talvez seja um dos maiores males do movimento evangélico contemporâneo em todo o mundo. Trata-se de um estado de espírito. É a disposição à intolerância, à intransigência, à polarização e ao fechamento em clubismos. Observamos que o ambiente político dos últimos anos tem colaborado ainda mais com uma visão de mundo em que o "outro" é sempre visto como um inimigo a ser combatido.
>
> O sectário faz de doutrinas secundárias, bandeiras partidárias, ideologias políticas e divergências denominacionais a causa última de sua existência. Tal visão de mundo, obviamente, não combina com o evangelho de Jesus. O sectário não acredita na unidade do corpo de Cristo; aliás, para o sectário, quem define o corpo de Cristo são os seus termos pessoais.[1]

E, assim, a Igreja tem caminhado, desunida e beligerante, no compasso do mundo e distanciando-se do coração de Jesus Cristo de Nazaré, o Cordeiro de Deus, que manifestou ainda

INTRODUÇÃO

em vida terrena o seu inequívoco desejo para a sua Noiva: *unidade* e *paz*. Um desejo que, infelizmente, não temos vivido.

Nesta introdução, vamos tratar desses dois conceitos basilares do evangelho e sustentáculos da Igreja.

O alicerce da unidade

Jesus está reunido com seus amigos mais próximos na ceia pascal realizada poucas horas antes de sua prisão e execução na cruz do Calvário. É quando, nos instantes finais do comovente encontro, ele ergue a voz ao Pai e faz uma oração emotiva e profundamente reveladora acerca de seus objetivos e intenções. Sabedor de que está prestes a ser morto, ele derrama o coração e verbaliza aquilo que mais fervilha em sua alma.

Na oração, registrada em João 17, o Príncipe da Paz trata de uma série de questões essenciais para após sua partida e, entre elas, exprime seu desejo no tocante à Igreja que está em vias de ser fundada. Isso fica claro quando ele contextualiza: "Não te peço apenas por estes discípulos, mas também por todos que crerão em mim por meio da mensagem deles" (v. 20). É evidente a respeito de quem ele está orando. Sua vontade manifesta destina-se aos discípulos de então e a todo cristão do futuro.

Ao orar pelos cristãos de todos lugares e eras, Jesus faz uma petição que não passa despercebida em uma análise de suas intenções. Afinal, de todas as inúmeras questões que ele poderia pedir ao Pai no que se refere à sua Igreja, qual ele prioriza, destaca e põe debaixo dos holofotes? "Minha oração é que todos eles sejam um, como nós somos um, como tu estás em mim, Pai, e eu estou em ti." (v. 21).

Pode-se fazer malabarismos teológicos mis para defender que, quando Jesus diz que sua vontade é que os cristãos sejam um como ele e o Pai são um, na verdade não é bem isso que ele quis dizer. Já vi teólogos suarem em reviravoltas argumentativas para tentar dizer que a unidade, na realidade, não é, afinal, o que Jesus quer, porque "veja bem...".

Porém, não há alegoria. Não há sentido oculto. A melhor hermenêutica nos leva ao sentido imediato do texto. Os sectários que perdoem, mas é o que é: Jesus ora para que a unidade da Igreja seja equivalente à unidade das pessoas da Trindade, estabelecendo, com isso, um padrão elevadíssimo e sublime. E, para quem ama o evangelho e a Igreja de Cristo, isso não pode ser ignorado; pelo contrário, precisa estar entre suas prioridades. Tomar o tema da unidade da Igreja como algo de importância menor é uma ofensa ao Cristo de João 17. Afinal, se Jesus priorizou a unidade entre seus seguidores, devemos nós fazer o mesmo, sem desculpas e de forma intencional, paciente, mansa, abnegada e proativa.

Em sua obra *Um clamor por unidade e paz na igreja*, John Bunyan (1628-1688) ecoa essa verdade e afirma a promoção da unidade como dinâmica que deve estar acima de discordâncias por questões secundárias à fé: "A unidade e a paz podem prevalecer apesar da ignorância a respeito de muitas verdades e a despeito da prática de alguns erros. Caso contrário, o dever de mantê-las seria impraticável entre indivíduos imperfeitos".[2] Bunyan vai além em sua defesa da paz e da unidade entre cristãos ao denunciar a arrogância e a intolerância em certos setores do Corpo de Cristo:

INTRODUÇÃO

Vemos diariamente que, tão logo os homens chegam a um entendimento mais claro sobre a mente de Deus (para dizer o melhor daquilo em que acreditam), passam a crer que todos aqueles que não concordam consigo são excomungáveis, se não condenáveis.[3]

Na antiga cultura judaica, a repetição de um conceito significava ênfase. Com isso em mente, é interessante percebermos que, depois de pedir ao Pai pela unidade da Igreja, Jesus prossegue em sua oração falando sobre... unidade da Igreja — de novo! Ouçamo-lo: "Eu dei a eles a glória que tu me deste, para que sejam um, como nós somos um" (v. 22).

Deus deu aos cristãos de sua glória para quê? *Para que sejamos um, como o Filho e o Pai são um.* É a meta. Patente. Evidente. Mas, ainda assim, enorme parcela da Igreja de Cristo tem apreciado sabotar esse desejo manifesto de nosso Senhor. Entre os argumentos desse grupo estão ideias como a de que buscar a unidade pode levar a um ecumenismo daninho ou de que é lícito rejeitar e atacar irmãos e irmãs em Cristo por divergências em ideologias humanas, teorias teológico-doutrinárias e até — pasme — preferências político-partidárias. Fato é que sempre haverá um motivo bem-intencionado, bem argumentado e antibíblico para desprezar a unidade da Igreja.

É quando o Senhor dá o golpe de misericórdia no sectarismo, no clubismo, na polarização, nas divisões e facções, ao rogar ao Pai: "Que eles experimentem unidade perfeita, para que todo o mundo saiba que tu me enviaste e que os amas tanto quanto me amas." (v. 23).

Pare.

Rebobine.

E preste atenção na expressão utilizada: unidade *perfeita*. Será que Cristo usou esse adjetivo à toa? O grego utilizado aqui e traduzido por "perfeita" é *teleioō*, que remete, precisamente, ao conceito de completude, consumação, cumprimento, perfeição. Logo, o que Jesus diz é que seu desejo para cada cristão é que ele seja completamente unido aos outros cristãos, de forma consumada, plenamente realizada.

O alicerce da paz

Se a unidade da Igreja é central no coração de Cristo, o segundo conceito que trazemos à atenção nesta introdução como um dos sustentáculos da vida em Igreja não é menos importante: a paz.

Sempre que se tenta mostrar a importância da paz entre os irmãos, à luz do evangelho de Cristo, ouvem-se dos mais beligerantes argumentos como a máxima luterana: "A paz se possível, a verdade a qualquer preço" como uma "boa desculpa" para não promover a paz ou, no máximo, promovê-la entre quem pensa do mesmo modo. Há um esforço enorme da parte de certos grupos cristãos para tentar justificar que a paz é um conceito relativo ou secundário para Deus. Devemos, então, nos perguntar: será?

Se, por um lado, Lutero disse: "A paz se possível, a verdade a qualquer preço", por outro, Jesus afirma que são "felizes os que promovem a paz, pois serão chamados filhos de Deus" (Mt 5.9). Além disso, Paulo informa que paz é uma das nove virtudes do fruto do Espírito (Gl 5.22), em contraposição às obras da carne, como "hostilidade, discórdias, [...] acessos de raiva, [...] dissensões, divisões [...] e outros pecados semelhantes",

INTRODUÇÃO

transgressões essas que quem as pratica "não herdará o reino de Deus" (Gl 5.20-21).

Fica evidente que paz não é um artigo supérfluo nem um luxo. Logo, não pode ser relativizada. Tanto que é designativo da natureza absoluta e imutável do Senhor, visível quando Paulo refere-se a ele como "o Deus da paz" (Rm 16.20). A paz de Jesus é um elemento tão basilar e determinante que serve inclusive como orientadora de nossas decisões e mediadora de nossos impasses: "Seja a paz de Cristo o árbitro em vosso coração, à qual, também, fostes chamados em um só corpo." (Cl 3.15).

Essa realidade é reforçada por outras percepções. Os Evangelhos nos mostram que, quando Jesus chegava a algum lugar, ele não desejava às pessoas prosperidade, amor, vida longa, bons ventos, um bom dia ou saúde para dar e vender: desejava *paz*. Por quê? Será que é porque paz é um conceito secundário ou opcional para Jesus ou porque é o padrão de conduta que ele outorga a seus discípulos?

Podemos ver esse fato em muitas passagens, como Lucas 10.5 ("Ao entrardes numa casa, dizei antes de tudo: Paz seja nesta casa!"), Lucas 24.36 ("Falavam ainda estas coisas quando Jesus apareceu no meio deles e lhes disse: Paz seja convosco!"), João 20.21 ("Disse-lhes, pois, Jesus outra vez: Paz seja convosco!"), João 20.19 ("Ao cair da tarde daquele dia, o primeiro da semana, trancadas as portas da casa onde estavam os discípulos com medo dos judeus, veio Jesus, pôs-se no meio e disse-lhes: Paz seja convosco!") e João 20.26 ("Passados oito dias, estavam outra vez ali reunidos os seus discípulos, e Tomé, com eles. Estando as portas trancadas, veio Jesus, pôs-se no meio e disse-lhes: Paz seja convosco!").

Isso se repete com os apóstolos. Paulo repetidamente deseja paz às pessoas a quem saúda: "E o Deus da paz seja com todos vós" (Rm 15.33); "Ora, o Senhor da paz, ele mesmo, vos dê continuamente a paz em todas as circunstâncias" (2Ts 3.16); e "Paz seja com os irmãos e amor com fé, da parte de Deus Pai e do Senhor Jesus Cristo." (Ef 6.23). João também replica a seus conhecidos o desejo do Senhor: "A paz seja contigo. Os amigos te saúdam" (3Jo 1.15). E o apóstolo Pedro termina sua primeira epístola desejando aos seus destinatários: "Paz a todos vocês que estão em Cristo" (1Pe 5.14). Mesmo no Antigo Testamento, encontramos numerosas passagens em que vemos saudações com o desejo de paz (como Jz 6.23; 19.20; 1Sm 25.6; 1Cr 12.18; Dn 4.1; 6.25; 10.19).

Muitos usam fora de contexto as palavras de Cristo: "Não imaginem que vim trazer paz à terra! Não vim trazer paz, mas a espada." (Mt 10.34) como forma de justificar que violência, ódio e agressão são aceitáveis se praticados "em nome de Jesus". Não compreendem que o Senhor está se referindo às divergências que viriam a surgir por conta da mensagem do evangelho da paz, e não da promoção intencional de atos de ódio, agressão e violência contra quem discorda de nossa visão de evangelho ou das nossas ideias teológicas, doutrinárias, denominacionais, ideológicas ou político-partidárias. Jesus fez essa afirmação precisamente porque a sua paz — que é diferente daquela que o mundo oferece (Jo 14.27) — não seria bem recebida e provocaria perseguições e divisões da parte daqueles que preferem viver sem paz com Deus nem com os homens.

Crer o contrário é desprezar a boa hermenêutica e a sistematização dos ensinos sobre o tema. Tanto é assim que, quando

INTRODUÇÃO

Pedro saca de sua espada e, partindo para a agressão, faz o que entendia ser uma defesa de Cristo por meio da violência, é obrigado a ouvir do seu Senhor não um elogio, por ser ele um bom defensor da fé ou algo do gênero. O que ele ouve é justo o contrário: repreensão. "'Guarde sua espada', disse Jesus. 'Os que usam a espada morrerão pela espada'." (Mt 26.52).

Felizmente, há setores do cristianismo brasileiro que têm se posicionado em favor da unidade e da paz. No livro *Somos (apenas) cristãos*, o teólogo, pedagogo e mestre em hebraico Igor Miguel ressalta a importância da unidade do Corpo de Cristo ao lembrar que Jesus fundou uma comunidade que orbita ao redor dele, é mística e invisível, congrega os santos de todos tempos e lugares e se expressa na visibilidade local dos cristãos; e "essa comunidade, apesar de sua particularidade confessional local, é animada pelo Deus trino, anseia pela unidade de todos os santos e aprende em humildade a apreciar as riquezas da graça depositadas em outras expressões de fé cristã".[4] No prefácio da mesma obra, o doutor em Estudos Judaicos e mestre em Teologia Carlos Augusto Vailatti assevera:

> Certamente, em tempos difíceis como os nossos, quando os ânimos de alguns mostram-se exaltados e um espírito de beligerância e intolerância paira no ar, mesmo entre cristãos evangélicos, urge assumirmos uma postura conciliadora, fraterna e que preze pela unidade da igreja de Cristo, respeitando a sua diversidade.[5]

Diante do apresentado, se unidade e paz são, concomitantemente, meta e *modus operandi* do cristão, qual deve ser o procedimento do seguidor de Jesus quando em ambientes — reais ou virtuais — pautados por ataques, hostilidade, agressões, ódio, palavras duras, ofensas, tretas, *fake news* e tudo mais que se tornou típico das ágoras — reais ou virtuais — de troca de ideias e opiniões no século 21? Deixemos que a Bíblia responda.

Assentando os alicerces

O problema está posto e o diagnóstico é: a Igreja de Cristo está dividida, cooptada pela polarização da sociedade e, em grande parte, imersa na estranha ideia de que a forma de agir com quem se opõe é por meio de discurso de ódio, ataques, agressões, deboches, desqualificações, desmerecimentos, guetificação, rotulação, segregação, dissensões, facções, acessos de raiva e uma postura beligerante. Muitos cristãos parecem ter se esquecido do diálogo, da gentileza, da educação e, acima de tudo, da realidade de que não lutamos contra inimigos de carne e sangue, mas contra governantes e autoridades do mundo invisível (Ef 6.12).

Ao escrever sobre as palavras de Cristo em sua oração de João 17, Bunyan foi certeiro: "É como se [Jesus] dissesse: 'Vocês podem pregar a meu respeito quanto quiserem, mas não haverá proveito se não houver paz e unidade entre vocês'".[6]

Diante disso, precisamos voltar-nos para as Escrituras, dando um passo para fora da multidão de vozes que tornam tóxicos os ambientes reais e virtuais de divergências e embates, onde ninguém ouve ninguém, a fim de escutar a voz do Manso Cordeiro. O que ele teria a nos dizer sobre o atual estado das coisas no seio da Igreja polarizada? O que fazer? Como agir?

Acredito que ele diria: "Arrependam-se, pois o reino dos céus está próximo." (Mt 4.17). E nos apontaria caminhos, já

INTRODUÇÃO

expostos na Palavra de Deus, em resposta a algumas questões que pautam o nosso momento.

Primeiro, como a Escritura nos diz que devemos enxergar quem se opõe? A resposta: *com amor.*

> Vocês ouviram o que foi dito: "Ame o seu próximo" e odeie o seu inimigo. Eu, porém, lhes digo: amem os seus inimigos e orem por quem os persegue. Desse modo, vocês agirão como verdadeiros filhos de seu Pai, que está no céu. Pois ele dá a luz do sol tanto a maus como a bons e faz chover tanto sobre justos como injustos. Se amarem apenas aqueles que os amam, que recompensa receberão? Até os cobradores de impostos fazem o mesmo. Se cumprimentarem apenas seus amigos, que estarão fazendo de mais? Até os gentios fazem isso. Portanto, sejam perfeitos, como perfeito é seu Pai celestial. MATEUS 5.43-48

Segundo, como a Escritura nos diz que devemos falar com quem se opõe? A resposta: *sem ofender.*

> Vocês ouviram o que foi dito a seus antepassados: "Não mate. Se cometer homicídio, estará sujeito a julgamento". Eu, porém, lhes digo que basta irar-se contra alguém para estar sujeito a julgamento. Quem xingar alguém de estúpido, corre o risco de ser levado ao tribunal. Quem chamar alguém de louco, corre o risco de ir para o inferno de fogo. MATEUS 5.22

Terceiro, como a Escritura nos diz que devemos lidar com quem se opõe? A resposta: *sem brigas e com amabilidade, paciência, ensino e instrução.*

O servo do Senhor não deve viver brigando, mas ser amável com todos, apto a ensinar e paciente. Instrua com mansidão aqueles que se opõem, na esperança de que Deus os leve ao arrependimento e, assim, conheçam a verdade. Então voltarão ao perfeito juízo e escaparão da armadilha do diabo, que os prendeu para fazerem o que ele quer. 2TIMÓTEO 2.24-26

Quarto, em que circunstâncias a Escritura nos autoriza a pagar o mal com o mal e o que ela nos diz sobre com quem devemos buscar viver em paz? A resposta: *nunca* devemos pagar o mal com o mal e devemos buscar viver em paz com *todos*.

Nunca paguem o mal com o mal. Pensem sempre em fazer o que é melhor aos olhos de todos. No que depender de vocês, vivam em paz com todos. Amados, nunca se vinguem; deixem que a ira de Deus se encarregue disso, pois assim dizem as Escrituras: "A vingança cabe a mim, eu lhes darei o troco, diz o Senhor". Pelo contrário: "Se seu inimigo estiver com fome, dê-lhe de comer; se estiver com sede, dê-lhe de beber. Ao fazer isso, amontoará brasas vivas sobre a cabeça dele". Não deixem que o mal os vença, mas vençam o mal praticando o bem. ROMANOS 12.17-21

Quinto, a Escritura nos diz que o reino de Deus tem a ver somente com justiça? A resposta: não, o reino de Deus tem a ver com justiça, claro, mas também com *paz*.

Pois o reino de Deus não diz respeito ao que comemos ou bebemos, mas a uma vida de justiça, paz e alegria no Espírito

INTRODUÇÃO

Santo. Se servirem a Cristo com essa atitude, agradarão a Deus e também receberão a aprovação das pessoas. Portanto, tenhamos como alvo a harmonia e procuremos edificar uns aos outros. ROMANOS 14.17-19

Sexto, como a Escritura diz que devemos agir uns com os outros? A resposta: *com compaixão e amor mútuos. Com misericórdia, humildade e a retribuição de males com bênçãos. E buscando a paz, esforçando-nos por mantê-la.*

Sejam cheios de compaixão uns pelos outros. Amem uns aos outros como irmãos. Mostrem misericórdia e humildade. Não retribuam mal por mal, nem insulto com insulto. Ao contrário, retribuam com uma bênção. Foi para isso que vocês foram chamados, e a bênção lhes será concedida. Pois, se quiser desfrutar a vida e ver muitos dias felizes, refreie a língua de falar maldades e os lábios de dizerem mentiras. Afaste-se do mal e faça o bem; busque a paz e esforce-se para mantê-la. I PEDRO 3.8-11

Portanto, se cada um de nós conseguir viver e promover o amor, que é a marca distintiva do cristão; manifesto por discursos e diálogos não ofensivos; sem brigas; com amabilidade e paciência com quem se opõe; compreendendo que são ensino e instrução sob o poder do Espírito que mudam pensamentos e comportamentos, e não ataques, ódio e fúria; nunca pagando mal com mal; e buscando viver a paz com todos e nos esforçando para mantê-la; em compaixão, misericórdia, humildade e amor... já teremos um excelente começo.

Ao longo dos próximos capítulos, você lerá reflexões sobre o problema da falta de unidade e paz no discurso cristão em dias de sociedade — e Igreja — polarizada e dividida. Para falar sobre o tema, convidamos três americanos, um angolano e nove brasileiros, que, na soma das partes e a partir de pontos de vista distintos, dão uma excelente contribuição para o diálogo em torno do problema. Oro para que as palavras de cada um tragam luz sobre as sombras que hoje recaem sobre a nossa sociedade polarizada e ajudem a informar a fim de transformar.

E que possamos nos tornar a Igreja que Jesus nos chamou para ser: não conhecida por ódio, desunião, conflitos e sectarismo, mas por ser, de fato, sal da terra e luz do mundo, brilhando em boas obras, para que todos as vejam e louvem nosso Pai, que está no céu.

Maurício Zágari

Teólogo, escritor, editor, comentarista bíblico e jornalista. Recebeu os Prêmios Areté de "Autor Revelação do Ano" e de "Melhor Livro de Ficção" pelo livro *O enigma da Bíblia de Gutenberg* e de "Melhor Livro de Meditação, Oração e Comunhão" por *Confiança inabalável*. É autor de treze livros já publicados; escreveu, com Daniel Faria, os estudos e comentários da *Bíblia Na Jornada com Cristo;* e integrou o comitê de edição de texto da *Nova Versão Transformadora (NVT)* da Bíblia. Zágari é pós-graduado em Comunicação Empresarial (UniBF), bacharel em Jornalismo (PUC-Rio) e Teologia (Faculdade Teológica Sul Americana — FTSA). Publisher da Editora GodBooks, é membro da Igreja Metodista em Botafogo, no Rio de Janeiro (RJ).

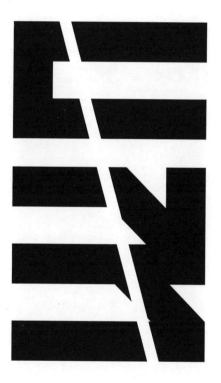

AS SOMBRAS DA POLARIZAÇÃO

ANDREI VENTURINI MARTINS

Não é necessário ser um especialista para perceber a evidente polarização política que eclodiu no Brasil na década de 2010 e prosseguiu pela de 2020. Políticos profissionais, os quais são peritos na arte de encenar, associaram-se em nome da destruição pública de determinados inimigos, à direita ou à esquerda, utilizando como uma de suas principais armas um discurso irado e intolerante — que poucos benefícios estruturais trouxe ao país, se é que trouxe.

Diante dessa narrativa voltada ao acirramento do ódio contra "o inimigo", a política começou a se mostrar cada vez mais polarizada. O ponto alto desse abismo entre as visões de mundo em contenda foram as eleições de 2018. Em decorrência das brigas eleitorais, a guerra de "nós" contra "eles" ultrapassou o pântano da atividade palaciana e contaminou as mais variadas instâncias da sociedade, desde festas familiares e encontros entre amigos até escolas, universidades e comunidades religiosas.

É evidente que a política deve ser tema das conversas cotidianas. Desde então, porém, quando ela irrompe, o clima parece ficar cada vez mais tenso. Não foram poucas as ocasiões em que o debate se tornou o estopim de desavenças graves, o que levou muitas pessoas a passar a se esquivar de conversas que pudessem trazer à baila o cenário político. Portanto, o silêncio autoimposto sobre o próprio posicionamento passou a ser adotado por muitos como meio de promover a convivência pacífica com aqueles que lhes são caros.

No entanto, esse silêncio em nome da boa convivência não é considerado virtude em muitos âmbitos, em especial nas mídias sociais. Por permitir um número muito maior de contatos, sem o ônus do "olho no olho", o uso das redes desencadeou um sem-número de manifestações nada virtuosas, como palavras de ódio, ameaças, ridicularização, acusações, calúnias e ressentimentos.

Tendo em vista esse quadro, que oscila entre o debate acirrado e o silêncio autoimposto, meu objetivo é avaliar, de forma sucinta, os ecos sombrios dessa polarização. Esses ecos se manifestam no aumento da reclusão mental dos interlocutores, na produção de uma gramática própria e, por fim, no cotidiano das instituições de ensino e das comunidades religiosas.

Reclusão mental

Em 1900, o pensador pernambucano Joaquim Nabuco publicou a obra *Minha formação*, na qual compara o republicanismo brasileiro e o francês. Ele relata que os revolucionários franceses,

CAPÍTULO 1

animados pela onda de mudanças que pretendiam realizar, criaram um ambiente de terror, coordenado por um espírito característico da política dos extremos, que chamou de *reclusão mental*.

Esse fenômeno acontece "quando o espírito se encerra em algum sistema filosófico ou fanatismo religioso, em uma doutrina ou em uma previsão social qualquer, e aí se isola inteiramente do mundo externo".[1] O isolamento intelectual em determinado sistema produziria uma atmosfera de intolerância e aversão à liberdade, o que incapacitaria o recluso mental de compreender as possíveis críticas das posições divergentes.

Essa mesma reclusão guiou, durante muitos anos, a estrutura política do Brasil, dominada por dois partidos, o conservador e o liberal, enquanto o país condenava índios e africanos a um regime escravocrata de "degradação sistemática da natureza humana por interesses mercenários e egoístas".[2] A mudança era necessária, mas a resistência à liberdade sempre encontrou seus soldados: políticos, magistrados, exército e igreja.[3] Esses são casos típicos de reclusão mental encravada nas instituições.

Essa reclusão mental sublinhada por Nabuco torna-se um problema ainda maior quando molda posições políticas radicais. Avaliando as posturas mais extremistas do século 20, o filósofo inglês Michael Oakeshott destaca, na obra *A política da fé e a política do ceticismo*: "Assim como aqueles que perseguem o cálido verão pensando somente que estão escapando do inverno e esquecem também que estão perdendo as outras estações, quem abraça o extremo na política acaba compreendendo somente a política dos extremos".[4] As posições que se formam nas extremidades do espectro político incapacitam seus detentores de acolher opiniões intermediárias. É muito comum que os extremos assumam utopias do passado ou do futuro como portos de chegada, mas não percebam que o caminho político para determinado objetivo encerra um conjunto de ajustes, avanços, retrocessos e concessões que permitam a navegação. Com uma visão de mundo endurecida, solipsista e que concebe os obstáculos políticos como alvos a serem aniquilados, os detentores de posições extremistas são refratários ao diálogo com outros atores políticos e não os escutam, mergulhando em uma espécie de ensurdecimento do intelecto.

Diante dessa postura, um fenômeno curioso começa a tomar forma: "Os polos, que até agora foram mantidos separados, começam a se entrelaçar",[5] aponta Oakeshott. Os extremos, aparentemente divergentes, estão unidos pelo desejo de transformar o cenário político em um deserto em que o único sobrevivente é aquele que grita mais alto.

O isolamento teórico das posições radicais, assinalado por Joaquim Nabuco, e a homogeneidade do desejo que as posições extremas nutrem, apontada por Oakeshott, são duas características da cultura polarizada que assola o Brasil. Uma cultura que se revela de forma objetiva na linguagem.

A gramática da polarização

Em seu poema *Da natureza*, o filósofo do século 6 a.C. Parmênides aproxima "o ser, o dizer e o pensar".[6] Ao fazê-lo, ele nos convida a refletir que a realidade manifesta pelo ser só pode ser pensada se houver linguagem.[7] Dito de outro modo, a linguagem faz a mediação entre o pensamento e a realidade; ela é a moldura que nos permite apreender o mundo de determinada maneira. A linguagem é também o instrumento por meio do qual orientamos

CAPÍTULO 01

nossas ações cotidianas frente aos desafios da existência. Por esse motivo, uma análise da linguagem pode nos ajudar a compreender como pensamos e agimos no bélico ambiente do século 21.

Desse ambiente beligerante emanou a gramática da polarização, com termos usados pelos atores políticos divergentes, como: conservador, progressista, capitalista, comunista, socialista, reacionário, direita, esquerda, direitopata, esquerdopata, ditador, corrupto, nazista, stalinista, fascista, olavista, marxista, petralha, bolsominion, bolsominion arrependido, coxinha, mortadela, racista, xenófobo, homofóbico, misantropo, misógino, miliciano, quadrilheiro, ladrão, genocida e outros.

É difícil encontrar brasileiros que não tenham se deparado com algumas dessas palavras no vocabulário de quem discorre sobre política. Elas podem ser vistas e ouvidas nas conversas mais corriqueiras, na imprensa e, principalmente, nas mídias sociais. Não tenho a pretensão de esgotar essa lista, nem mesmo de analisar a pertinência do uso dessa terminologia. Pretendo apenas identificar nela características do comportamento político polarizado.

A primeira e mais evidente característica é a *binariedade*. Boa parte dos termos possui seu oponente específico: conservador *versus* progressista; direita *versus* esquerda, direitopata *versus* esquerdopata; capitalista *versus* comunista. Por um lado, esse dualismo linguístico molda a identidade dos soldados que integram exércitos defensores de posições extremas e opostas no cenário político nacional. Por outro, diminui os horizontes do eleitor, que se vê encurralado entre apenas duas posições possíveis, porque a política binária restringe qualquer outra via a suas categorias polarizadas, sujeitando o eleitor às correntes dos extremos.

33

Como decorrências da binariedade, podemos identificar outras duas características: a *interdependência* e a *a-historicidade*. Alguns pares de opostos — como conservador *versus* progressista ou mesmo direita *versus* esquerda — aparecem como interdependentes, definindo a identidade política por contraste. Nesse caso, o autorreconhecimento de uma das partes depende desse contraste frente ao polo oposto.

Por exemplo, para se autodefinir como conservador, um indivíduo precisa necessariamente se posicionar como antiprogressista (conservador = antiprogressista). Ou, para se autodefinir como um adepto da direita, um indivíduo precisa obrigatoriamente se posicionar como antiesquerda (adepto da direita = antiesquerda). Tal autodefinição pelo contraste leva a um empobrecimento e a uma caricaturização da identidade política, pois ser conservador, por exemplo, é infinitamente mais do que apenas não ser socialista, além de não implicar necessariamente em ser antiprogressista.

Sabemos que por trás desses termos há muitos pensadores que deram consistência a essas correntes, como Edmund Burke para o pensamento conservador e Karl Marx para a reflexão progressista/socialista. Porém, a política polarizada apresenta-se como se flutuasse fora do tempo e da história. Por vezes, ela se apossa de terminologias históricas, mas, de certo modo, as corrompe, pois as utiliza de forma a possuírem ligações muito frágeis e distorcidas com suas fontes. Os termos, em vez de servirem de guia para a ação política efetiva, tornam-se formas de apontar o inimigo que se combate.

Dessa guerra pouco propositiva da polarização surge também a *acusação. É quando o discurso é marcado por ataques, com*

CAPÍTULO 01

termos como racista, xenófobo, homofóbico, misantropo, misógino, miliciano, quadrilheiro, ladrão e genocida. É certo que essas categorias podem ser atribuídas a muitos com justiça, mas, no ambiente polarizado, em vez de provocarem no interlocutor uma reflexão sobre sua postura moral, têm o único objetivo de ofender, magoar, lesionar e agredir o oponente.

Os golpes ficam ainda mais brutais quando orquestrados pela *arte de caluniar*: as notícias falsas (*fake news*) passeiam livremente por todo o país e são capazes de produzir estragos indeléveis à reputação de pessoas públicas e seus familiares. As eleições de 2018 foram um espetáculo de horror, com vídeos, fotos e narrativas que confundiram de jornalistas experientes e grandes redes de televisão e rádio até o eleitor comum em suas redes sociais. O problema é tão grave que compromete a própria informação. Tanto que, após o escrutínio das urnas, muitos promoveram campanhas contra o fenômeno das notícias falsas, alavancado pelo hiperbólico aumento das tecnologias de comunicação.[8]

Além da calúnia, o uso da tecnologia midiática permitiu uma espécie de banalização da política em larga escala, com termos cunhados para *ridicularizar* seus oponentes, como petralha, bolsominion, coxinha e mortadela. O termo "ridículo" vem do vocábulo latino *ridere*, que significa "riso". Assim, o verbo ridicularizar aponta para o que é um provocador de risos. Porém, longe de fazer parte do humor típico do brasileiro, tais termos são usados, isto sim, como provocação entre antagonistas.

Não tardou para que a política polarizada redundasse em um quadro de *ameaça*. Em inúmeras ocasiões, lados divergentes saíram às ruas e tiveram de ser separados pela polícia com placas de metal, que impediam visualizar a provocação do oponente:

35

de um lado, camisas amarelas; do outro, uma grande massa vermelha. A extrema divergência, além da linguagem, forjou uniformes para seus respectivos exércitos.

Essa polarização que acusa, calunia, ridiculariza e ameaça, e é marcada por binariedade, interdependência e a-historicidade. também afetou instâncias da cultura, como as escolas e as universidades.

Reflexos no cotidiano de escolas e universidades

Durante o período eleitoral de 2018, o diretor educacional da instituição onde trabalho me pediu para ministrar uma aula sobre o cenário político brasileiro. Por não dar aulas na turma designada, perguntei o motivo da demanda. Ele me respondeu que a classe estava cindida, os amigos, separados, e alguns quase trocavam socos e pontapés.

A aula infelizmente acabou não acontecendo, mas, para mim, ficou o aprendizado: uma sala de aula pode ser o retrato de um país. Creio que muitos docentes, dos mais diversos posicionamentos políticos, têm problemas com alguns soldados da polarização que se sentam nos bancos escolares. Do mesmo modo, alguns alunos são silenciados quando professores usam do tempo da aula para doutrinar, sem dar a oportunidade ao contraditório — por vezes, ameaçando e ridicularizando os poucos corajosos que demonstram pensar de outro modo.

Esse cenário se acirra a cada semestre. As escolas e as universidades, espaços em que todas as ideias deveriam ser apresentadas livremente para a discussão crítica e o enriquecimento da cultura, têm enfrentado situações de censura, violência e medo. Contrapondo-me a esse cenário, penso que:

CAPÍTULO 01

uma aula, longe de ser uma pregação acadêmica, é o espaço para fazer manifestas as mais variadas perspectivas políticas, e, por que não, a visão política do docente, desde que este espaço tenha como pano de fundo a possibilidade de contradição, paradoxo, oposição, antinomia, discordância e profundo respeito ao discurso alheio.[9]

Escolas e universidades polarizadas podem significar duas coisas: pobreza intelectual dos interlocutores em um ambiente incapaz de vislumbrar outras vias político-ideológicas ou reclusão mental de um grupo hegemônico capaz de silenciar a parte divergente. As instituições de ensino deveriam ser um oásis onde os brasileiros pudessem discutir os mais variados posicionamentos políticos, econômicos, sociais e religiosos sem as investidas da violência e da censura.

As comunidades religiosas

Outro espaço de convivência que vem sofrendo as pressões da polarização são as igrejas. Desde o tempo da colonização, o Brasil sempre teve uma grande variedade de credos, e as religiões indígenas e as dos povos africanos se encontraram livremente com o lírico cristianismo português.[10]

Apesar desse encontro de religiões, certamente o cristianismo à brasileira tornou-se hegemônico e ganhou papel fundamental na constituição da identidade nacional, como assinalou Gilberto Freyre: "Daí ser tão difícil, na verdade, separar o brasileiro do Católico: o Catolicismo foi realmente o cimento de nossa unidade".[11]

Depois de séculos, o resultado foi um espírito de tolerância religiosa pouco visto em outras partes do mundo. Num primeiro momento, o brasileiro fez o mais difícil, ao promover, com certas exceções, uma convivência pacífica entre seguidores de todos os credos. Não obstante, nos últimos anos, a polarização passou a ser motivo de contendas e separações nas igrejas.

A grande questão que Paulo de Tarso formulou à comunidade dos coríntios: "Quando um declara: 'Eu sou de Paulo', o outro: 'Eu sou de Apolo' não estais agindo de maneira meramente humana?" (1Co 3.4) pode ser aplicada a algumas comunidades religiosas dos nossos dias. "Quando um declara: 'Eu sou do político A, o outro: 'Eu sou do político B', não estais agindo de maneira meramente humana?", eu parafrasearia. Certamente, o cristianismo vive o humano sob a luz da mensagem divina e, por esse motivo, a política não deve ser desprezada pelo indivíduo religioso. Contudo, quando ela se torna motivo de graves contendas entre irmãos que partilham da mesma fé, então aquilo que os une de forma íntima foi esquecido, e os fiéis, como assinalou Paulo, passam a agir estritamente guiados por uma perspectiva humana.

A católica irmã Dulce deu um excelente exemplo de equilíbrio entre política e religião. Quando indagada sobre suas inspirações partidárias, disse: "Não entro na política, não tenho tempo para me inteirar das implicações partidárias. Meu partido é a pobreza".[12] Isso não significa que irmã Dulce não tinha partido, mas que demarcava com clareza a sua posição: "A minha política é a do amor ao próximo".[13] O amor pelos miseráveis lançados na sarjeta do mundo, carcomidos pela fome e pelas doenças, era o princípio de fé que a unia a todos os homens de boa vontade espalhados pelo mundo — e a Jesus de Nazaré. A vida do "anjo bom da Bahia", como era chamada carinhosamente por seus conterrâneos, convida todas as comunidades religiosas e todos os religiosos a avaliar quanto as sombras da polarização os afastaram do essencial.

Fica o desafio: manter a unidade, mesmo em um ambiente de posições ideológicas divergentes e idolatria política.

Andrei Venturini Martins

Doutor em Filosofia (PUC-SP), docente no Instituto Federal de São Paulo (IFSP), palestrante pela Casa do Saber e coordenador do Núcleo de Estudos Agostinianos do Laboratório de Política, Comportamento e Mídia da Fundação São Paulo/PUC-SP — Labô. É autor de *Do reino nefasto do amor próprio*: *a origem do mal em Blaise Pascal* (Filocalia, 2018)*; A verdade é insuportável: ensaios sobre a hipocrisia* (Filocalia, 2019)*; Joaquim Nabuco*: *um abolicionista liberal do Brasil* (Filocalia, prelo)*,* e do comentário e da tradução da obra *Discurso da reforma do homem interior* (Filocalia, 2016), de Cornelius Jansenius.

POLÍTICA E IDOLATRIA

DAVID KOYZIS

Existe realmente uma conexão entre idolatria e política? Existe, mas não é visível para todos. Afinal, como funciona?

Um ídolo é algo ao qual oferecemos a adoração que é devida ao único Deus verdadeiro. É um deus substituto e, como tal, de uma pobreza extrema. Como seres humanos caídos e em pecado, temos criado nossos ídolos desde que nossos primeiros pais pecaram no Éden.

Em Gênesis 1, Adão e Eva, tentados pela serpente, visualizaram-se como deuses e desobedeceram à ordem expressa de Deus de não comerem do fruto da árvore. E, tão logo o fizeram, Deus os puniu, expulsando-os do jardim. Desse ponto em diante, toda a narrativa bíblica foi uma longa e sórdida história do povo de Deus constantemente caindo no pecado da idolatria, depois de ter desfrutado das bênçãos que o Senhor graciosamente lhe ofereceu e de ter visto as maravilhas que operou em favor deles.

A forma de idolatria sobre a qual lemos na Bíblia é bastante óbvia. Por meio dela, as pessoas ofereciam sacrifícios a falsos deuses, como Baal e Astarote (cananeus, fenícios) e Dagom (filisteus), além de oferecê-los também a YHWH, o Deus de Israel. Esses ídolos eram feitos de madeira ou de pedra e os adoradores lhes sacrificavam animais. Até mesmo seres humanos eram oferecidos a essas divindades — uma prática proibida por Deus a seu povo (Lv 18.21; Dt 18.10).

Os ídolos de hoje são bem mais sutis. Muitos se dizem agnósticos ou ateus, com isso acreditando que não têm uma fé religiosa. No entanto, a realidade é bem diferente. Se nos recusarmos a adorar o Deus verdadeiro, inevitavelmente faremos deuses a partir das coisas que ele criou. Isso vale não só em relação a indivíduos, mas também em relação a nações e sociedades inteiras.

Agostinho entendeu bem essa questão, quando definiu uma comunidade como uma coletividade de pessoas unidas por afetos comuns. Os ídolos que adoramos têm impacto sobre toda a nossa sociedade, cujos valores e instituições passam a ser organizados em torno deles.

Algumas pessoas pensam, erroneamente, que a idolatria nos afeta apenas em questões relativas a adoração formal, oração, sacramentos e pregação. Os ídolos, porém, recusam-se a permanecer dentro das quatro paredes de uma igreja, de um templo ou de uma sinagoga. Afinal, a adoração descreve a maneira como vivemos nossa vida toda, sete dias por semana, como indivíduos e como comunidade.

Se estamos obcecados em ganhar o máximo de dinheiro possível e subordinamos todas as demais ponderações cotidianas a esse objetivo predominante, servimos efetivamente a um ídolo criado por nós mesmos. Esse ídolo é um deus ciumento, que se recusa a dividir espaço com outras preocupações comuns da vida, como a criação dos filhos, a fidelidade ao cônjuge, a manutenção de amizades e a disposição de ajudar os menos afortunados. Podemos não acender velas, cantar louvores nem oferecer orações a esse deus literalmente, mas, na prática, nós o adoramos, por ele dominar nossa vida.

Isso também tem relevância para a vida política. Políticos pragmáticos costumam ficar obcecados em ganhar eleições e alcançar sucesso em seus projetos legislativos. A busca pelo poder político pode tragar tudo mais. Mas mesmo os projetos em si revelam sinais de idolatria, como podemos ver ao nos concentrarmos nas ideologias que dominam os debates políticos. Até mesmo aqueles que creem no único Deus verdadeiro tornam-se presas dessas idolatrias; por isso, temos motivos para ser humildes ao examiná-las mais a fundo.

Vamos explorar duas dessas visões ideológicas, a saber, o liberalismo e o marxismo, cada qual com frequência associada à direita e à esquerda, respectivamente.

A visão liberal

O liberalismo surgiu no início da era moderna, quando filósofos como Thomas Hobbes (1588-1679) e John Locke (1632-1704) introduziram uma nova maneira de olhar a sociedade. Antes dessa época, a sociedade era vista como uma estrutura hierárquica que tinha príncipes e bispos no topo, nobres no meio e plebeus na base. Todos conheciam seu lugar na hierarquia e havia pouca mobilidade entre esses estratos. Se você nascesse servo, vinculado às terras de determinado nobre, seria servo até sua morte, vitaliciamente obrigado perante seu patrono, em troca de proteção contra predadores e bandidos.

Por volta de 1500, vários acontecimentos convergiram e mudaram de vez essas condições. Primeiro, a descoberta das Américas, que abriu novos horizontes para os europeus e deu início à colonização em massa dos novos continentes. Segundo, a invenção da imprensa, que facilitou a disseminação de ideias por longas distâncias, a padronização de linguagens e a formação de movimentos de massa construídos em torno dessas ideias. Terceiro, a consolidação de territórios parcamente conectados por monarcas poderosos, que se transformaram em comunidades estatais e uniformes de cidadãos. Quarto, o alvorecer da Reforma Protestante, facilitada pela pronta disponibilidade de Bíblias impressas para cristãos comuns em seus idiomas.

Sob tais condições, surgiu uma nova ênfase no indivíduo e em seu lugar no tecido social. Martinho Lutero, Ulrico Zuínglio, João Calvino e outros se posicionaram, aparentemente sozinhos, contra a hierarquia da Igreja Católica Romana, reafirmando não apenas os ensinamentos expressos da Bíblia contra as tradições humanas, mas também a capacidade de cada crente ler, compreender e interpretar esses ensinamentos.

Embora os reformadores não tenham intentado libertar a vontade individual para seguir os próprios desejos, os filósofos políticos liberais deram a essa ênfase saudável na responsabilidade individual uma direção decididamente voltada a interesses pessoais. Essa é a razão de Hobbes vir a dizer que o homem é

CAPÍTULO 02

uma criatura cujos desejos são marcados pela inquietação e que a ordem política deve levar isso em conta em qualquer esforço para proteger a paz e encorajar a estabilidade.[1]

Contudo, se prosseguirmos com a antropologia de Hobbes, ficamos com a impressão de que todas as obrigações que não escolhemos são potencialmente opressoras. Como, então, podemos maximizar a liberdade individual e, ao mesmo tempo, facilitar a cooperação entre as pessoas em prol de propósitos comuns? A resposta liberal típica é tentar reduzir a enorme variedade de comunidades das quais fazemos parte a associações voluntárias, nas quais os membros vêm e vão livremente, aceitando obrigações apenas na medida em que as tenham voluntariamente assumido.

A questão é que essa realidade funciona para grupos como clubes de xadrez, times esportivos e sociedades de ajuda mútua, mas não para instituições básicas da sociedade, como casamento, família, Estado e Igreja. Nascemos de determinados pais, que nos educam até atingirmos a maturidade. Não os escolhemos livremente. No entanto, somos obrigados a obedecer-lhes à medida que crescemos e a cuidar deles à medida que envelhecem. O mesmo se aplica à cidadania em uma comunidade política. Se você nasceu em São Paulo ou Belo Horizonte, é brasileiro por nascimento, titular de todos os direitos da cidadania brasileira, mas também das obrigações advindas desse status.

Com respeito à comunidade da igreja reunida, a maioria dos cristãos nasce e é criada na fé. Muitos são batizados quando crianças, mas, mesmo entre aqueles que não são, seus pais provavelmente os dedicaram ao Senhor, na expectativa de um batismo posterior. Por estarmos em um relacionamento de aliança com

47

Deus, somos obrigados a frequentar o culto regularmente com seu povo, ouvir a pregação da Palavra, participar dos sacramentos e sustentar a igreja financeiramente. Em resposta à graça redentora de Deus por meio de Jesus Cristo, nos comprometemos a viver para ele em todas as áreas da vida, aguardando o sétimo dia da promessa, quando finalmente entraremos em seu descanso.

Essa eclesiologia bíblica difere consideravelmente de uma compreensão liberal da igreja reunida, que a vê como mais uma associação voluntária, que não difere essencialmente de um clube de futebol amador. A definição de igreja cunhada por John Locke é reveladora: "Uma igreja, portanto, considero ser uma *sociedade voluntária de homens*, que se unem *por consenso próprio*, para adorar publicamente a Deus, de maneira que *considerem aceitável* a ele, e eficaz para a salvação de suas almas".[2] Observe que a ênfase não está no chamado de Deus ou na graça eletiva, mas na escolha individual, que Locke vê como a base da comunidade da igreja reunida.

Os seguidores do liberalismo tendem a partir do pressuposto de que a escolha individual, geralmente concretizada por meio de um mercado econômico livre, resolverá vários problemas sociais. O mercado é um espaço de liberdade quase perfeita, no qual os participantes se relacionam voluntariamente, trocando bens e serviços por um preço acordado e assumindo obrigações apenas na medida em que com elas consentirem. O mercado não gera relações permanentes e as pessoas podem se deslocar livremente de um fornecedor ou comprador para outro, sem incorrer em consequências negativas.

Embora nem todos os que se professam liberais adotem essa abordagem, muitos presumem que o mercado fornece um modelo para a ordem social em geral e falham em compreender a diferença entre associações de indivíduos e aquelas instituições básicas que requerem um nível mais alto de solidariedade. Nem tudo que tem valor pode ser reduzido a uma mercadoria vendável. Por exemplo, a segurança pública e a proteção do meio ambiente exigem mais do que o consentimento livre dos indivíduos. As relações familiares também fornecem bens insubstituíveis, que dificilmente podem ser reduzidos a custo econômico. Isso sugere que o mercado, embora válido dentro da própria esfera econômica, não pode ser expandido indefinidamente. Ele não é uma panaceia para os males da sociedade, como em especial os liberais costumam assumir.

A visão marxista

Karl Marx (1818-1883) foi uma das figuras de maior expressão do século 19. Suas ideias viriam a exercer uma imensa influência, ao longo do século seguinte, uma vez que muitas nações, incluindo Rússia e China, declarassem segui-las de uma maneira ou de outra.

Marx ensinou que a história é movida pelas forças produtivas e pela luta entre as classes geradas por essas forças. As atividades humanas são, portanto, motivadas por interesses econômicos de natureza material. A filosofia, as artes, as humanidades e até as ciências são atividades ilusórias, meros subprodutos das forças econômicas. Ainda mais notório é o fato de Marx acreditar que a religião é "o ópio do povo", um mero sedativo explorado pela classe alta para manter a classe baixa dócil. Se as pessoas acreditarem que Deus desejou a estrutura atual da sociedade e seu próprio lugar nela, será menos provável que tomem medidas para reverter sua sorte.

Mesmo instituições básicas, como o casamento e a família, são inexoravelmente marcadas por sua relação com essas classes geradas pelas forças produtivas. Não existe família como tal. O que existe sempre é a família *burguesa* — ao menos durante a era capitalista. Da mesma forma, o Estado, embora afirme presidir com imparcialidade os conflitos no âmbito da sociedade civil, está na realidade comprometido com um dos lados da luta de classes. Na Inglaterra e na Prússia do século 19, o Estado era o Estado burguês, que governava em nome da classe dominante. Como tal, era um instrumento de opressão do proletariado, da classe trabalhadora industrial. A reivindicação de imparcialidade do Estado era vazia.

Marx acreditava ser inevitável que o proletariado, por ser superior em número, superasse a burguesia e redistribuísse os meios de produção entre si. É nesse ponto que vemos Marx imitar a história da redenção bíblica. Ele acreditava ter havido uma era pré-histórica de comunismo primitivo, na qual todas as pessoas compartilhavam em igualdade. A "queda no pecado" ocorreu quando da primeira divisão do trabalho, com um grupo empregando o cérebro e o outro, os músculos — o nascimento da divisão entre gestão e trabalho. À medida que esse "pecado" se desenrola ao longo da história, observamos uma longa luta entre duas classes em torno dos meios de produção.

Para Marx, a redenção chega por meio do proletariado, que assume um caráter messiânico, inaugurando uma nova era de ouro do comunismo, regida pelo princípio: "de cada qual, segundo sua capacidade, a cada qual, segundo suas necessidades".[3] A chegada da sociedade sem classes é o equivalente à segunda vinda de Cristo, para trazer a cumprimento seu reino prometido.

CAPÍTULO 02

Para Marx e seus seguidores, o homem se reduz ao econômico. Suas principais motivações na vida são de natureza econômica, sendo de caráter ilusório as demais motivações que diz ter. A ironia do projeto intelectual de Marx é que, embora suas ideias viessem a influenciar tremendamente dezenas de milhões de pessoas nos séculos 20 e 21, ele acreditava que ideias por si só careciam de substância, sendo meros subprodutos de forças econômicas de natureza material. Em qualquer acontecimento histórico, como a batalha de Waterloo, devemos olhar sob a superfície e tentar encontrar a causa "real", que ele acreditava ser sempre de natureza econômica.

Essa idolatria do aspecto econômico da vida tem tido consequências negativas para pessoas reais no mundo real. Se nossa visão da humanidade, ou nossa antropologia, é falha, então nossas propostas para lidar com os males sociais também serão. Marx tinha plena confiança de que, com a chegada da sociedade sem classes e o fim da luta de classes, toda uma série de fenômenos evaporaria no ar. O Estado ou "definharia", como disse Friedrich Engels, ou "perderia seu caráter político", sendo substituído pela administração das coisas. Os antagonismos nacionais desapareceriam. A propriedade privada seria socializada, transformando-se em propriedade controlada por e para toda a comunidade. O mais significativo de tudo talvez fosse a expectativa de Marx de que, como as religiões tradicionais existem apenas para entorpecer a dor da opressão econômica, assim que essa opressão finalmente terminasse, o mesmo aconteceria com a religião.

Como esses fenômenos não desapareceram sob os regimes marxistas, seus líderes foram forçados a suprimi-los, empregando ativamente os poderes coercitivos do Estado. Onde essas lealdades e esses vínculos residuais persistissem, o regime se via na obrigação de eliminá-los, mesmo ao custo de um grande número de vidas. Assim, uma ideologia idólatra não poderia continuar a ser um construto teórico que servisse de entretenimento nos salões dos iluminados. Aqueles capturados em suas garras tinham de seguir sua lógica interna, sem importar o que nem quem se pusesse em seu caminho.

Transcendendo as ideologias

Uma filosofia política não ideológica deve se basear no reconhecimento de que nosso mundo não pertence a nós para fazermos o que bem quisermos, mas, sim, a Deus, que o criou. Como aqueles que foram formados à sua imagem, somos responsáveis perante ele pela forma como vivemos em seu mundo, incluindo aí a vida política. Devemos, portanto, subordinar nossos objetivos políticos às normas que ele nos deu.

Uma característica essencial da criação de Deus é sua diversidade irredutível. Mar, terra, rochas, plantas, peixes, insetos, pássaros, mamíferos e seres humanos têm lugares únicos na criação. Da mesma forma, a sociedade humana é caracterizada por uma diversidade de formas comunitárias, as quais não podem ser reduzidas a outras, nem vistas como meros braços da nação ou do Estado, nem sequer concebidas como meras associações de indivíduos livremente contratantes. A família está sujeita a normas próprias, guiada pelo princípio do amor e do cuidado mútuo entre seus membros. O Estado é devidamente regido pela norma da justiça pública, a qual exige que ele inter-relacione de forma justa as diversas comunidades dentro de sua jurisdição. A instituição eclesial é regida pela norma de fé, manifestando-se no contexto do culto público ao Deus que se revelou de maneira única na pessoa de Jesus Cristo.

Muitos cristãos se identificam politicamente com a direita ou com a esquerda — com o individualismo ou com o coletivismo. No entanto, devemos estar cientes de que ambos os lados estão indissociavelmente ligados a visões de mundo que tomam um elemento da criação divina e efetivamente fazem dele um deus. Pela graça do nosso Senhor, podemos fazer melhor do que isso.

O que precisamos é de uma abordagem mais equilibrada da sociedade, que reconheça sua diversidade genuína e evite suprimir essa diversidade para fins ideológicos.

Por fim, jamais devemos permitir que nossas diferenças políticas dividam a igreja. Afinal, todos somos presas dessas idolatrias que deformam a vida no mundo de Deus, mesmo quando lutamos para nos libertar de suas garras. Isso deve nos levar a ser humildes e a reconhecer que nossa visão nesta vida é inevitavelmente limitada, enquanto aguardamos a conclusão de nossa redenção em Jesus Cristo.

David T. Koyzis

Doutor em Filosofia, com foco em Governo e Estudos Internacionais (Universidade de Notre Dame), ensinou Ciência Política por trinta anos na Redeemer University College (Canadá). É autor de *Visões e ilusões políticas* e *We Answer to Another: authority, office, and the image of God.*

ONDE ESTÁ O AMOR NESTES TEMPOS DE CÓLERA?

JOÃO FELIPPE CURY

Um dos fenômenos mais recorrentes no processo civilizatório são as guerras. Mas, como lembra C. S. Lewis em *Cristianismo puro e simples*, nossos conceitos de modernidade e progresso, bem como todos os avanços tecnológicos, não bastaram para dar fim a elas. Lewis fez essa afirmação em 1942, com palavras direcionadas a "um mundo que perdera a sanidade". Nos dias atuais, a guerra ganhou uma faceta diferenciada quando associada à realidade virtual. Vivemos uma época em que os extremos têm prevalecido por meio da guerra de narrativas, propagadas por redes sociais de diversos tipos. Tais narrativas contêm "verdades absolutas", o que, obviamente, faz com que o "outro lado" esteja "sempre errado" e defenda as "ideias erradas". Voltamos à insanidade, portanto — agora em outro contexto e patamar.

A guerra de narrativas faz com que os interlocutores sejam vistos pelo outro lado como "inimigos". Mas há também aqueles que não estão dispostos a tomar parte da guerra; pelo contrário, querem propor um caminho de pacificação. É sobre eles que falaremos com mais propriedade — com foco na postura dos cristãos.

Que tipo de posicionamento é esperado dos seguidores de Jesus de Nazaré e o que fazer quando ele não está de acordo com o comportamento que Cristo espera deles? Não é difícil compreender que mau testemunho mina a credibilidade. Como adverte Philip Yancey, em seu virtuoso *O eclipse da graça*, muitas vezes os cristãos erram na forma de comunicação por não levar em conta o ponto de vista da outra parte.

Yancey lembra que Jesus pouco falou sobre como os cristãos deveriam comportar-se em suas reuniões, mas discorreu muito sobre como podemos impactar o mundo ao redor. Nesse sentido, é fundamental sairmos da "bolha evangélica" e transmitirmos o evangelho da graça para o mundo. Afinal, somos o canal escolhido para propagar as boas-novas de Deus. Não à toa, o autor traz uma inquietação perturbadora: "Como cristão, eu me preocupo muito com a maneira pela qual representamos nossa fé aos outros. Somos convocados a proclamar a boa-nova do perdão e da esperança. No entanto, sempre descubro evidências de que muita gente não ouve nossa mensagem como uma boa-nova".[1]

CAPÍTULO 03

Há séculos, o cristianismo tem influenciado o mundo, especialmente o Ocidente, e causado diferentes impactos na constituição dos Estados modernos e nas diretrizes da vida em sociedade. Um dos maiores legados no período moderno veio da Reforma Protestante: o debate sobre a (in)tolerância religiosa. Havia, então, uma preocupação sobre como os diferentes poderiam e deveriam coexistir em um mundo cheio de diversidade. Pode-se dizer que, em muitos momentos, além de propagar o evangelho da graça, os cristãos exerceram influência positiva no que concerne à coexistência pacífica em sociedade. Isso nos remete à reflexão: como anda, na atualidade, a influência dos cristãos? Qual deveria ser e qual tem sido o papel do cristão nestes tempos beligerantes? Qual é o impacto do testemunho cristão para a propagação do evangelho da graça em tempos de tanta cólera como os que vivemos?

O título deste capítulo é inspirado no clássico de Gabriel Garcia Márquez, *O amor nos tempos do cólera*. O título é muito sugestivo para o tema aqui abordado, em que pese o livro de Márquez trazer diversos nuances históricos que nos situam à época em que a história é narrada, abordando guerras e doenças — principalmente o cólera —, além de preconceitos, hábitos e fatos daquele período. Tudo isso emoldurando uma longa história de amor.

Diferentemente do significado do clássico da literatura, neste capítulo não uso o conceito de cólera em referência à moléstia bacteriana, mas, sim, ao sentimento de ira, raiva, ódio, rancor. Faço um trocadilho com a cólera como estado de espírito que invade todos os espaços de convivência na sociedade contemporânea — e que, infelizmente, infectou até mesmo grande parcela da Igreja de Cristo.

JOÃO FELIPPE CURY

O ambiente das redes sociais ampliou muitíssimo a quantidade de canais de comunicação. Agora, qualquer pessoa com acesso à internet pode participar de debates públicos relacionados a assuntos como religião, ideologia e política, um enorme vetor de polarização e cólera na sociedade brasileira contemporânea. Os cristãos não ficaram de fora desse fenômeno e grande parte deles abraçou um comportamento público baseado em ódio, sectarismo, imposição e agressividade, o que nos remete às palavras de Brennan Manning:

> Dito sem rodeios: a igreja evangélica dos nossos dias aceita a graça na teoria, mas nega-a na prática. Dizemos acreditar que a estrutura mais fundamental da realidade é a graça, não as obras — mas nossa vida refuta a nossa fé. De modo geral, o evangelho da graça não é proclamado, nem compreendido, nem vivido. Um número grande demais de cristãos vive na casa do temor e não na casa do amor.[2]

A mensagem positiva é que os cristãos possuem uma vantagem específica, como Manning lembra mais adiante: "Na condição de pecador redimido, posso reconhecer com qual frequência sou insensível, irritável, exasperado e rancoroso com os que me são mais próximos".[3] Sob essa perspectiva, o ensino de Paulo aos filipenses torna-se um guia de prática cristã: "Fazei todas as coisas sem queixas ou discórdias; para que vos torneis filhos de Deus irrepreensíveis, sinceros e íntegros no meio de uma geração corrupta e perversa, na qual resplandeceis como luminares no mundo" (Fp 2.14-15).

Esse modelo de vida dos cristãos é a essência do que desejo tratar neste capítulo, em especial no que se refere à sua influência na sociedade contemporânea. Mais especificamente, ao analisar a postura geral do cristão em tempos de polarização, notadamente no campo da política e das ideologias em sua relação com a religião, e como isso afeta seu testemunho público.

Devemos nos perguntar: os cristãos têm adotado uma postura de pacificação ou de guerra, alimentando a polarização? Temos agido como Jesus espera de seu povo? Se nosso modo de vida contradiz a nossa fé, isto é, se nosso testemunho não reflete o caráter de Cristo e nossas práticas não refletem o amor ao próximo, é tempo de nos repensarmos criticamente e reavaliarmos nossas posturas. E, se constatarmos que vivemos uma contradição, devemos retornar aos fundamentos mais basilares da fé cristã.

Sal da terra e luz do mundo

A influência cristã na sociedade sempre se mostrou muito importante. Vale, portanto, considerar o que move essa influência vinculada a seus atores. As ideias, os valores e sobretudo os atos e as posturas dos cristãos foram e são fundamentais para o exercício de influência sobre a sociedade.

O apóstolo Pedro, em sua primeira carta canônica, faz uma exortação importante: "Seja correto o vosso procedimento entre os gentios, para que naquilo que falam mal de vós, como se fossem praticantes do mal, ao observarem as vossas boas obras, glorifiquem a Deus no dia da visitação" (1Pe 2.12). É patente: a santidade do povo de Deus — seu testemunho visível — abençoa aqueles que estão afastados de Deus.

A ênfase, portanto, recai em como os cristãos devem se portar para que exerçam uma influência positiva sobre a sociedade como um todo. Nesse caso, vale destacar a expectativa de Jesus em relação a seus seguidores, expressa de maneira clara no Sermão do Monte. Assim diz Jesus, explicitando o caráter prático da vida cristã por meio de metáforas:

> Vós sois o sal da terra; mas se o sal perder suas qualidades, como restaurá-lo? Para nada mais presta, senão para ser jogado fora e pisado pelos homens. Vós sois a luz do mundo. Não se pode esconder uma cidade situada sobre um monte; nem os que acendem uma candeia a colocam debaixo de um cesto, mas no velador, e assim ilumina a todos que estão na casa. Assim resplandeça a vossa luz diante dos homens, para que vejam as vossas boas obras e glorifiquem vosso Pai, que está no céu.
> MATEUS 5.13-16

Nessa passagem, como lembra John Stott em *O cristão em uma sociedade não cristã*, Jesus usa imagens para ilustrar a natureza da influência que ele espera de seus seguidores. Nesse sentido, os cristãos devem ser fundamentalmente diferentes dos não cristãos. Sobre ser sal, cuja propriedade é preservar, lembra Stott: "O mundo está em decomposição, mas vocês devem ser o sal que a impede".[4] Uma nota complementar destaca como o mundo cético pode ser impactado positivamente por meio do testemunho dos cristãos. Mais uma vez recorremos a uma passagem de *O eclipse da graça*:

> Talvez a coisa mais poderosa que os cristãos possam comunicar para um mundo cético é levar uma vida plena, dando provas de que o estilo de Jesus conduz a uma vida muito abundante e muito

CAPÍTULO 03

satisfatória. O fruto do Espírito — amor, alegria, paz, paciência, longanimidade, benignidade, fidelidade, mansidão e domínio próprio — emana de uma alma sadia e nesse processo pode atrair aqueles que julgam essas qualidades evasivas ou intangíveis.[5]

Diante dessa realidade, surge a questão: será que o testemunho dos cristãos está colaborando para a cura ou a decomposição do mundo? O que dizer das ações dos cristãos no mundo contemporâneo polarizado, seja na vida real, seja nos ambientes tóxicos das redes sociais? Os cristãos têm se distinguido ou têm agido como o mundo? Sua influência na sociedade tem sido saudável e refletido a mente de Cristo?

O recurso à hermenêutica básica nos leva ao início do capítulo 5 do Evangelho de Mateus, que principia o Sermão do Monte com a apresentação das bem-aventuranças. Apenas poucos versículos antes do uso das metáforas sobre ser sal e luz, Jesus afirma, em caráter definitivo: "Bem-aventurados os pacificadores, pois serão chamados filhos de Deus" (Mt 5.9). Aqui, vale ressaltar que ser pacificador não significa ser pacifista. Se o pacifista é aquele que por meio de seus atos promove ou tenta promover mudanças profundas no meio em que vive e convive e sua preocupação é com a paz entre os povos, o pacificador, por sua vez, é quem reconcilia, pois foi reconciliado com Deus. O pacificador recebeu a paz plena e atua como agente dessa paz no mundo.

Podemos associar algumas virtudes ao indivíduo pacificador. Como lembra C. S. Lewis, a cortesia é uma das virtudes cristãs, e o Novo Testamento "abomina pessoas abelhudas, que vivem fiscalizando as outras".[6] Ele também é certeiro ao discutir

63

os prazeres e os pecados de natureza espiritual: "Todos os prazeres mais terríveis são de natureza puramente espiritual: o prazer de provar que o próximo está errado, de tiranizar, de tratar os outros com desdém e superioridade, de estragar o prazer, de difamar. São os prazeres do poder e do ódio".[7]

Esse "prazer de provar que o próximo está errado" parece cair bem como ilustração para os atos de quem se põe em lados extremos na defesa de seu ponto de vista e, no limite, acaba associado ao ódio. Em que pese muitos cristãos não perceberem, pois dificilmente se veem assim, eles têm, sim, se movido pelo ódio ao tratar determinados temas circunscritos a questões políticas e morais e, assim, afetam negativamente seu testemunho. Ao agir desse modo, exercem influência negativa na sociedade.

Se Jesus comissiona os cristãos a ser agentes da paz no mundo — e, mais que isso, a ser sal que impede a decomposição contínua desse mesmo mundo —, alguns seguidores de Cristo têm preferido os códigos legais do Antigo Testamento aos ensinamentos mais básicos de Jesus. Ao citar uma frase do escritor Kurt Vonnegut, Philip Yancey descortina uma contradição evidente:

> Por alguma razão, os cristãos que mais se pronunciam nunca mencionam as bem-aventuranças. Mas — muitas vezes com lágrimas nos olhos — eles exigem que os Dez Mandamentos sejam afixados em prédios públicos. E obviamente isso é Moisés, e não Jesus. Eu não ouvi nenhum deles exigindo que o Sermão do Monte, o das bem-aventuranças, fosse afixado em algum lugar.[8]

Não é à toa que, nos tempos atuais, temos visto um cristianismo desvirtuado associado às redes sociais, cujo fluxo de compartilhamento de informações abre margem para pouca profundidade, *fake news*, debates estéreis e, sobretudo — em meio à polarização política — para um evidente caráter negativo do testemunho público de muitos cristãos.

Polarização, intolerância e a difícil coexistência em sociedade

Precisamos reconhecer que há evidentes inadequações de postura por parte dos cristãos, muitas vezes em associação à polarização político-ideológica vivida, no Brasil, a partir da década de 2010. Há uma tendência inequívoca e bastante generalizada de querer provar que o outro está errado, mesmo que para isso seja necessário usar o ódio e a agressão. Como, então, promover a verdadeira paz nesse contexto e ambiente permeados por sinais contraditórios?

Uma Igreja que contribui para a polarização política está claramente desvirtuada de sua missão. Por essa razão, abandonar a guerra de narrativas e a tentativa de "ganhar no grito" e promover o retorno às ações práticas cristãs talvez viabilize resgatar a potência do testemunho e de sua influência real (e não virtual) na sociedade. Nesse aspecto, vale a pena recuperar algo que os acadêmicos têm sintetizado sobre a discussão da coexistência em regimes democráticos e a difícil tolerância entre os diversos sujeitos coletivos (grupos). Em 2004, o filósofo político francês Yves Zarka publicou o livro *Difícil tolerância*. Dele podemos extrair algumas ideias, que mostram quão difícil será o processo de pacificação em tempos atuais, uma vez que ele reitera o problema da coexistência nas sociedades democráticas contemporâneas.

A reflexão de Zarka não aborda o que vemos no mundo virtual, mas dá pistas do que motiva a disseminação do ódio e a retroalimentação da polarização. O autor direciona nossa atenção para o que se convencionou chamar de choque das civilizações, que acontece com o emergir de uma multidão de povos dotados de histórias particulares e dessa pluralidade de sujeitos históricos em conflito e sem horizontes comuns. Isso potencializa o problema da coexistência. Zarka trata da questão da tolerância e do reconhecimento ao propor o conceito de "reconhecimento sem reconciliação" como uma tentativa de pensar a coexistência de culturas em um "mundo despedaçado", isto é, em um mundo marcado pela heterogeneidade cultural. Essa percepção não é exclusiva da filosofia política. Em outro contexto, Yancey nos lembra que "a diversidade complica a vida".

Apesar dos problemas apontados, Zarka destaca que separar o político do religioso é um dos pilares da tolerância. Nesse ponto, vale a pena recuperar um pouco da história do protestantismo, uma vez que a noção de tolerância lhe é muito cara. Houve um tempo em que as querelas religiosas eram fundamentais para explicar situações que, no limite, consubstanciavam-se em guerras, literalmente. Eram outros tempos, muito sangue foi derramado e muitas famílias foram separadas. A noção de tolerância, particularmente a religiosa, foi forjada ao longo de muito tempo, tendo particular importância no meio protestante a partir do século 17. A ideia de conciliação acabou influenciando a construção das democracias liberais do século 19 em diante.

A literatura é pródiga em evidenciar que a separação entre Igreja e Estado foi altamente influenciada pelos protestantes (particularmente os batistas), que forjaram a ideia de liberdade religiosa como algo fundamental para a coexistência pacífica,

CAPÍTULO03

nos idos do século 17. É pacífico na literatura que a nação americana, enquanto tal, nasceu da luta pela liberdade religiosa e a aceitação de todas as confissões religiosas. Formou-se uma convicção de que a religião é um assunto entre Deus e os indivíduos, o que traz como consequência que a crença de um indivíduo não deve ser objeto de controle por parte do poder civil.[9]

Essa postura histórica, no entanto, mudou. Um *locus* importante, que tem fomentado a polarização e trazido os cristãos evangélicos para o debate político contemporâneo, é a questão dos limites da secularização do Estado. Um importante contraponto a isso foi a emergência de um movimento antissecularização, como resposta ao projeto de modernidade associado ao secularismo, particularmente o europeu.

O conceito de secularização é associado ao processo de declínio da religião na modernidade, quando ela perde seu valor cultural e deixa de ser capaz de estabelecer a coesão social. O processo de secularização efetua uma separação entre as esferas da vida social, remetendo a religião aos limites da esfera privada e das consciências individuais. Em vez da religião, passa a ser a racionalidade moderna quem fornece legitimidade às instituições e às normas sociais. A secularização representa algo distinto do desencantamento do mundo, representa o enfraquecimento da religião, a subtração da religião das esferas da cultura e sua respectiva privatização.

O secularismo europeu se baseia no princípio de que a exclusão da religião da esfera pública constitui condição necessária para a democracia, sobretudo a exclusão do islamismo e de grupos religiosos considerados fundamentalistas, cujas doutrinas e práticas são tidas frequentemente como inerentemente

67

incompatíveis com os princípios democráticos, como os da liberdade e da tolerância religiosas.

Importante contraponto ao movimento de secularização foi a emergência de um movimento antissecularização. Na Índia, esse movimento se contrapõe fortemente aos valores ocidentais. Nos Estados Unidos, é associado ao fundamentalismo religioso. O fato é que o movimento de secularização gerou um contramovimento do qual podem emergir elementos que ajudem a interpretar a recente influência religiosa no debate político entranhado na sociedade brasileira, particularmente inspirado no fundamentalismo americano. Como consequência, o fundamentalismo produziu uma visão de mundo reativa, o que criou um cenário propicio para uma "batalha entre o bem e o mal".

Nisto parece residir a raiz da crescente presença dos evangélicos na esfera pública: o interesse pelas pautas morais. E, com essa presença crescente, a postura pública de muitos cristãos tem sido posta à prova nos ambientes virtuais polarizados.

Como explicar, então, que uma motivação válida pode ser degenerada pela postura dos cristãos nos debates públicos, notadamente nos espaços das redes sociais, tão movida por intolerância e, muitas vezes, por ódio? Nesse aspecto, parece desempenhar importante papel a mentalidade "nós contra o mundo, em vez de nós trazendo graça para o mundo".[10] Uma vez que vivemos no mundo, é necessário atrair, e não repelir o mundo. A esse respeito, Jesus traz ensinamentos diretos, no Evangelho de João, no capítulo 17. A oração de Cristo não é para que os cristãos sejam tirados do mundo, mas guardados por Deus ao cumprir a comissão de ir ao mundo (Jo 17.18).

Estamos no mundo, mas não pertencemos a ele. Reconhecemos o mundo, mas não nos conciliamos com ele. A mensagem do cristianismo, porém, é ainda maior. Somos instados a iluminar as pessoas do mundo e a ser diferentes, mas, sobretudo, a amar as pessoas do mundo, em qualquer momento, até mesmo em tempos de polarização e cólera.

Por último, mas não menos importante: *os cristãos são propagadores de uma mensagem de reconciliação, e não de ódio*. Como John Stott lembrou com muita pertinência: "O mundo é a arena em que devemos viver e amar, testemunhar e servir, sofrer e morrer por Cristo".[11] E é exclusivamente com uma mente cristã coerente com esse pensamento que podemos pensar com integridade bíblica sobre os problemas do mundo contemporâneo.

O que fazer, então?

Qual seria, então, a partir da perspectiva cristã, a solução para o problema do ódio, da intolerância e da beligerância que têm sido manifestos publicamente por muitos cristãos? Como lembra Stott, "no fim existem apenas duas posturas que os cristãos podem adotar em relação ao mundo. Uma é a fuga. A outra, o envolvimento".[12]

Nesse sentido, é preciso tomar como ponto de partida o fato de que o Reino de Deus não é uma sociedade cristianizada. Antes, é o domínio da vida divina na vida daqueles que reconhecem Cristo. Esse ponto dá indicações sobre a vida do cristão e enfatiza como as palavras de Jesus, no Sermão do Monte, devem ser entronizadas e vividas. Afinal, "cristãos são pessoas marcadas no trabalho e em casa; o mundo nos observa".[13]

É possível que esse segmento dos cristãos que abraçaram o ódio e a agressividade em seu posicionamento na relação com o discordante voltem a valorizar a paz em relação ao próximo que pensa diferente? Um belo começo para encontrar a resposta é a leitura das palavras do apóstolo Paulo: "Pelo contrário, sede bondosos e tende compaixão uns para com os outros, perdoando uns aos outros, assim como Deus vos perdoou em Cristo" (Efésios 4.32). Nessa passagem, a ideia de bondade é associada a agir de forma construtiva e benevolente, até porque a compaixão tem a ver com atitudes e sentimentos positivos em relação ao outro. Ainda há a questão do perdão, que, nas palavras de Martin Luther King Jr., é "um catalisador que cria a ambiência necessária para uma nova partida, para um reinício".[14] Trata-se de um padrão elevadíssimo. Mas esse é o padrão esperado do cristão.

Em Cristo, um novo homem surgiu, e isso nos deu a possibilidade de começar de novo. O novo tipo de vida, iniciado em Jesus, deve ser instilado em nós.[15] Nesse sentido, e como esperado, o único lugar possível para o cristão é do lado dos pacificadores. Em seu livro *A cruz de Cristo*, John Stott escreve um capítulo primoroso intitulado "Amando a nossos inimigos", no qual expõe como deve ser a conduta do cristão com o outro — mesmo em tempos de cólera:

> O que devemos fazer, pois, quando é impossível viver em paz com alguém porque essa pessoa não está disposta a viver em paz conosco? O lugar por onde devemos começar nossa resposta é na bem-aventurança (Mateus 5.9). [...] a paz é uma atividade tão caracteristicamente divina que aqueles que nela se empenham através dela revelam sua identidade e demonstram sua autenticidade como filhos de Deus.[16]

CAPÍTULO03

Na sequência do capítulo, Stott chama a atenção para o fato de que esse processo é doloroso para os lados envolvidos, pois traz à tona amarguras, recriminações, a luta para compreender cada posição e o esforço para entender as incriminações que causaram a ruptura da comunicação. Esse parece um custo alto, mas é movido pelo amor e reflete uma sabedoria prática. Como lembra C. S. Lewis, a prudência significa a sabedoria prática, ou seja, parar para pensar nos nossos atos e em suas consequências.

O cristão deve ser prudente, sob pena de seu testemunho não refletir o caráter de Cristo. Deve, ainda, estar atento aos pecados de natureza espiritual. Ao tentar provar que o outro está errado, contribui para a cultura de ódio. Em Cristo, um novo homem surgiu, e o padrão esperado dele é elevadíssimo. Cabe a esse novo homem zelar pelo testemunho cristão a ser reconhecido não apenas pelos de dentro da Igreja, mas sobretudo pelo "mundo". Para isso, é preciso sair da zona de conforto: a segurança da comunhão evangélica, que Stott chama de "nosso castelo cristão".

Conclusão

A fim de fazer uma síntese e apontar uma conclusão para esta reflexão, é importante trazer à memória passagens bíblicas essenciais para os tempos de cólera entre o povo de Deus. O evangelho de Cristo lembra os cristãos de que eles devem ser bem-aventurados pacificadores (Mt 5.9), dar bom testemunho e influenciar positivamente a sociedade (Mt 5.13-16), pois, afinal, estão no mundo (Jo 17.18). E é preciso fazer isso sem queixas nem discórdia, como filhos de Deus irrepreensíveis, sinceros e íntegros, resplandecendo como luminares neste mundo (Fp 2.14-15), sendo bondosos uns com os outros e se perdoando (Ef 4.32), inclusive no tocante às pessoas do mundo (1Pe 2.12).

O que se espera do cristão é nada menos que esse padrão elevadíssimo, que concilia o credo, isto é, sua teologia, com a ação prática. É um padrão em que a doutrina tem premência sobre o moralismo e que demonstra que a fé cristã é ética, e não dogmática. Além disso, essa exigência nos insta a ser bondosos e ter compaixão uns para com os outros, perdoando e despindo-nos de rancor e raiva.

Diante disso, podemos afirmar que, para o cristão, é possível demonstrar amor em tempos de cólera. Aliás, não só é possível como é desejável. Mais ainda: é esperado. Por Jesus. E observado pelo mundo.

João Felippe Cury

Doutor em Economia (UFRJ), é professor associado da UFRJ, onde atua no Instituto de Economia, na área de Macroeconomia, Políticas Públicas, Meio Ambiente e Desigualdades. Membro da Igreja Batista Itacuruçá, no Rio de Janeiro (RJ).

O QUE JESUS DIRIA SOBRE A DIVISÃO PÚBLICA ENTRE CRISTÃOS?

CRAIG BLOMBERG

Em 2008, ano em que haveria eleições, um africano de meia-idade veio para os Estados Unidos a fim de se matricular no seminário em que sou professor. Ele ficou maravilhado com a transição pacífica de poder, quando os republicanos deram lugar aos democratas na Casa Branca. E me disse naquela ocasião: "Na África, haveria tumultos nas ruas e não saberíamos com certeza se a pessoa eleita realmente assumiria o governo". Na época, percebi quanto éramos abençoados por não temer esse tipo específico de violência, embora a sociedade americana conheça violência de muitos outros tipos. Meros doze anos depois, escrevo o capítulo para este livro a dois meses de outra eleição e há ameaças de tumultos nas ruas por parte de algumas pessoas, independentemente de qual lado venha a ser o vencedor.

Claro, pode ser que nada disso se concretize, mas o simples fato de haver ameaças é algo sem precedentes em minha vida. Como alguém que acabou de completar 65 anos, confesso que este é um cenário que jamais imaginei ver em meu país. Ainda mais impressionante é o fato de que algumas das pessoas que ajudaram a tornar a situação tão instável, em ambos os lados do debate político, dizem ser cristãs.

Contudo, isso não acontece apenas na política, pois quase todas as questões de ética pública põem pessoas que levam o nome de Jesus contra outras com um nível de rudeza, animosidade e até mesmo violência tão grande como eu nunca vi na vida. Além disso, esses cristãos não se importam com quem está assistindo à discussão ou a ouvindo, ainda que seja o público não cristão que eles dizem querer impactar positivamente e trazer para Jesus. Sei que existem, ao menos em parte, alguns paralelos desse cenário no Brasil.

O que Jesus diria sobre esse estado de coisas?

Recentemente, li os quatro Evangelhos, do início ao fim, tendo em mente essa única pergunta. O que descobri me fez lembrar algo que aprendi há quase vinte anos, em um projeto no qual fiz a mesma coisa, com uma pergunta diferente, embora relacionada: em que situações Jesus fica mais zangado e em quais ele nos surpreende por se mostrar muito gentil e atencioso?

A resposta é que Jesus demonstrou amor e compaixão incríveis por aqueles que foram condenados ao ostracismo, de uma forma ou de outra, pela sociedade em que ele vivia; por aqueles que eram tratados como cidadãos de segunda classe por diferentes segmentos de sua cultura; por aqueles cuja moralidade era considerada particularmente deplorável pelos padrões de seu povo judeu. Em contrapartida, sem exceção, ele se mostrava mais aborrecido com os líderes políticos e religiosos de sua época, suficientemente instruídos para saber bem quando estavam pervertendo o que deveria ser um relacionamento vibrante com o Deus vivo, transformando-o em um sistema de obediência a uma seleção de leis, escritas ou não, que escolhiam a dedo — em especial aquelas que mais faziam distinção entre o povo judeu e todos os gentios ao redor.[1]

Este capítulo dificilmente conseguiria reunir todas as passagens relevantes dos Evangelhos nesse aspecto, dada sua limitação de tamanho. Mas uma grande porcentagem delas aparece em Mateus, ainda que muitas tenham paralelo em Marcos e/ou Lucas, e umas poucas em João. Portanto, um levantamento apenas de Mateus por si só nos dará informações suficientes para apresentar os pontos que queremos demonstrar, sendo que nada nos outros Evangelhos contradiz os padrões que vemos no Evangelho de Mateus.

Testemunhas cativantes no mundo

Não faltam textos nos quais Jesus ensina seus seguidores a ser testemunhas cativantes no mundo e a construir pontes para alcançar os outros, não muros. Em seu grande Sermão do Monte (Mt 5—7), que engloba muito do que Jonathan Pennington chamou de "florescer humano",[2] Jesus abençoa não aqueles que são "valentões" e agressivos, mas sim os pobres de espírito, os que choram, os que são mansos, os que têm fome e sede de justiça, os misericordiosos, os puros de coração, os pacificadores e os que são perseguidos por causa da justiça (5.3-12).

Contudo, para que ninguém imagine que tal estilo de vida contracultural exige que a pessoa se isole no deserto ou viva em uma comunidade monástica, Jesus imediatamente passa a enfatizar que devemos ser o sal da terra e a luz do mundo, para que outros possam ver nosso bom exemplo e louvar a Deus (5.13-16).

Na busca pela pacificação, Jesus declara, vários versículos depois: "Mas eu lhes digo que qualquer que se irar contra seu irmão estará sujeito a julgamento" (5.22). O remédio é que, "se você estiver apresentando sua oferta diante do altar e ali se lembrar de que seu irmão tem algo contra você", deve primeiro se reconciliar antes de completar sua adoração (5.23-24). O surpreendente nessa passagem é que o foco está no fato de que uma pessoa tem uma reclamação (presumivelmente legítima) contra você. Você pode ter perdoado aqueles que pecaram contra a sua pessoa, mas estaria disposto a confessar seu pecado e pedir perdão àqueles contra quem pecou?

Mateus 5.38-47 apresenta provavelmente as exigências éticas mais desafiadoras de todas: não retaliar, como no princípio veterotestamentário do olho por olho ou dente por dente, mas, sim, "ofere[cer] também a outra [face]" (v. 39) e "[ir] com ele mais duas [milhas]" (v. 41). Isso não é um chamado para se prejudicar deliberadamente; afinal, Jesus evitou a hostilidade em todas as ocasiões em que a experimentou, exceto na última vez. Nessa ocasião, ele sabia que teria de enfrentar o sofrimento pelos pecados do mundo, uma experiência sem igual e que nenhum de seus seguidores pode reproduzir. Ao contrário disso, um tapa no rosto com as costas da mão era uma forma de um superior insultar seu subordinado no antigo judaísmo, de modo que o que Jesus está pedindo a seus seguidores é que não troquem insultos.

Muito mais difícil é o mandamento mais generalizado para que "amem os seus inimigos e orem por aqueles que os perseguem" (5.44). O paralelismo sinonímico sugere que, às vezes, a única forma de amor que podemos expressar aos inimigos é orar por eles. Mas o mandato genérico é simplesmente um dos muitos exemplos da famosa "regra de ouro", que Jesus enuncia no final de seu sermão: "Assim, em tudo, façam aos outros o que vocês querem que eles lhes façam" (7.12).

Certa vez, eu estava dando uma aula sobre o Sermão do Monte, explicando por que os pacifistas se baseiam intensamente nessa parte do ensino de Jesus, e um aluno, que era um oficial militar aposentado, disse, abruptamente: "Posso amar alguém enquanto o estou matando." Assim que me recuperei do choque, pedi que me explicasse como isso era possível. Sua resposta, em essência, argumentava que ele poderia estar protegendo essa pessoa de suas próprias tentativas autodestrutivas e, certamente, de quaisquer esforços que aquele indivíduo estivesse empreendendo com o intuito de machucar outras pessoas. Respondi que, se o indivíduo que fosse morto não fosse cristão, quem o matou teria mandado esse cidadão para o inferno, eliminando por completo qualquer outra oportunidade de arrependimento e perdão. Meu aluno não teve mais nada a dizer.

Repreendendo a hipocrisia e a rejeição

Ainda assim, Jesus por certo apoia alguns gestos de contrariedade contra aqueles que o rejeitam. Quando ele envia os Doze para replicar seu ministério e missão, Jesus lhes diz para deixar casas ou cidades que não os recebam bem e sacudir a poeira dos pés contra elas, em uma espécie de ritual de renúncia (Mt 10.14). Também promete espada em vez de paz (10.34), algo que ele explica como o fato de que membros da mesma família (aparentemente não salvos) se voltarão uns contra os outros (10.35), presumivelmente quando um ou mais deles segue a Jesus. Hoje, tragicamente, isso foi distorcido para a hipótese de indivíduos cristãos que discutem por causa de perspectivas sociais e políticas diferentes.

Em Mateus 11.20-24, Jesus profere maldições contra as cidades de Corazim, Betsaida e Cafarnaum, pois foram abençoadas de maneira única por terem visto muitos de seus milagres, mas, no geral, ainda não se arrependeram. No entanto, Mateus 12.14 deixa claro que, nessas cidades galileias em que Jesus ministrou, eram os fariseus que formavam o núcleo de oposição a ele, à medida que começaram a conspirar para matá-lo.

Essa hostilidade vem à tona quando eles acusam Jesus de expulsar demônios pelo poder do príncipe dos demônios (Mt 12.24), Belzebu (outro nome para Satanás). Jesus, então, enfatiza o mesmo que tantas outras partes das Escrituras (especialmente, Provérbios e Tiago): o poder que tem a língua de, com suas palavras, infligir o bem ou o mal de forma totalmente desproporcional a seu tamanho (12.34-37).

CAPÍTULO 04

Diante dessa realidade, como, então, podemos gastar tanto tempo e energia denunciando uns aos outros, mesmo dentro dos círculos cristãos? Seremos julgados por conta de toda palavra "inútil" que proferirmos (v. 36). O termo "inútil" também pode ser traduzido por palavra "descuidada", "fútil", "sem valor", "negligente" ou "infundada". O dicionário de Bauer o define como aquilo a que *"se dispensou pouca reflexão*, cuja implicação é ser socialmente destrutivo".[3]

Quase que imediatamente depois, Mateus narra o pedido de alguns fariseus e escribas por um sinal (v. 38). Jesus já fizera muitos milagres, portanto eles deveriam estar pedindo algo que fosse ainda mais inequívoco e irrefutável. Mas Deus nunca impõe a fé, e Jesus os repreende por pedirem um sinal, chamando-os de "geração perversa e adúltera" (12.39,45). Uma vez mais, ele os compara a personagens e eventos do Antigo Testamento, enfatizando que o julgamento deles será mais severo, desta vez porque tiveram o Messias em seu meio sem que se arrependessem, em comparação com aqueles que se arrependeram em séculos anteriores tendo menos clara a revelação (12.40-42).

Em Mateus 15.3-11, Jesus novamente enfrenta os líderes judeus, repreendendo-os pela hipocrisia de sua prática de dar ofertas e no que eles declaram ser puro e impuro. Os discípulos abertamente mostram a Jesus que os fariseus, ao ouvirem isso, ficaram ofendidos (v. 12). No entanto, em vez de se desculpar, Jesus esfrega sal em suas feridas, chamando-os de "guias cegos" (v. 14). Não é de admirar que ele repita sua acusação sobre "uma geração perversa e adúltera", em 16.4, e que advirta contra o fermento dos líderes judeus, no versículo 6, algo que mais tarde os discípulos vêm a reconhecer como sendo o ensino desses líderes (v. 12).

O ministério de Jesus alcança novo patamar quando ele inicia sua última viagem a Jerusalém. Depois de elogiar o entendimento divinamente concedido a Pedro sobre a sua identidade (v. 17), Jesus tem de repreendê-lo, não muito tempo depois, por rejeitar o caminho de Cristo para a cruz (v. 23). Essa é a primeira vez que encontramos um conflito interno desse nível entre Jesus e um dos Doze. O ponto de vista de Pedro é tão inteiramente oposto ao que é certo que Jesus o vê como representante do ponto de vista de Satanás.

O capítulo 18 contém tensões semelhantes, conforme Cristo expõe seu processo para disciplina comunitária (v. 15-20) bem em meio ao ensino sobre os esforços extraordinários que devemos despender para perdoar nossos irmãos e irmãs no Senhor (v. 10-14; 21-35). O perdão e a exclusão de um membro não são incompatíveis entre si. É necessário arrependimento genuíno para que haja a reconciliação de alguém com a igreja que teve de discipliná-lo e a sua reintegração em boas condições. Mas, ainda assim, o indivíduo cristão é chamado a perdoar todos os que pecaram contra ele (18.15-20).[4]

Várias parábolas em Mateus contêm advertências sobre o castigo eterno que experimentarão aqueles que rejeitarem Jesus. O capítulo 21 apresenta a famosa "faxina" do templo (v. 12), pois líderes importantes o haviam transformado de um lugar de boas-vindas para o estrangeiro em uma fortaleza nacionalista (v. 13).[5] O capítulo 23, por fim, contém algumas das críticas mais duras e extensas de Jesus contra um seleto grupo de indivíduos, que constituía a parte mais corrupta da liderança política e religiosa da nação. Reiteradamente, é por sua hipocrisia que Jesus os repreende (v. 13-36). Eles não praticam o que pregam

(v. 3). Uma coisa é quando um líder político ou religioso não reivindica ser cristão ou, ao menos, não diz ser cristão evangélico, ou seja, quando não diz ser alguém que coloca a Bíblia em primeiro lugar como sua autoridade. Contudo, quando os líderes afirmam ser seguidores de Cristo e crer na Bíblia e depois falam e se comportam de maneiras flagrante e consistentemente contrárias a essa profissão de fé, Jesus sem dúvida repreenderia a hipocrisia deles, hoje, assim como fez com os líderes do passado.

Unidade e civilidade

Como conciliamos todas essas informações? Em João 17.20-23, Jesus ora para que aqueles que viessem a crer com base no testemunho de seus primeiros seguidores fossem um, ou seja, ele ora para que fossem unidos. É essa unidade, à qual ele se refere em sua oração, que fará com que o mundo conheça a verdade do evangelho e creia. Ainda assim, quando necessário, seus seguidores devem ser repreendidos, e, às vezes, em certas situações, até mesmo excluídos da plena comunhão na igreja. Claramente, essas são situações incomuns e extraordinariamente graves, uma vez que esse é o último recurso em um processo de várias etapas, projetado para gerar arrependimento.

Por três vezes, Pedro continuou a negar Cristo (Mc 14.66-72 e paralelos). Apesar disso, ele chorou de arrependimento e Jesus o perdoou, o reintegrou (Jo 21.15-17) e o Espírito o capacitou a liderar a Igreja com poder, ao longo da primeira geração da história eclesiástica (At 2-12). Outro dos doze seguidores mais próximos de Jesus o traiu, provavelmente pela mesma razão pela qual Pedro o repreendeu a princípio: por não ver Jesus cumprir a desejada "descrição da função" messiânica de liderar os israelitas em batalha, a fim de triunfarem sobre os romanos e livrarem a terra das forças de ocupação inimigas. O pecado de Judas não foi comprovadamente pior do que as negações de Pedro; Judas, porém, respondeu de maneira completamente oposta. Ele também sentiu certo remorso (Mt 27.3), mas, em vez de se arrepender e buscar o perdão, deu-se por vencido e se enforcou (v. 5).

Claramente, portanto, os Evangelhos não exemplificam unidade de qualquer modo. Há momentos em que as crenças ou os comportamentos de pessoas que afirmam ser seguidores de Jesus (ou, ao menos, dizem estar falando em nome de Deus) acabam sendo tão contrários à própria mensagem de Jesus que devem ser enfrentados. Mas, mesmo nesses casos, a abordagem principal de Jesus é denunciar a liderança corrupta, no mesmo espírito dos profetas do Antigo Testamento, em vez de promover qualquer tipo de resistência violenta. Quando seus seguidores fazem isso, e até mesmo quando brigam por poder, Jesus os repreende (Mc 10.35-45). Esses são os caminhos do mundo, não os da Igreja.

A única ocasião em que as pessoas têm motivo para prestar atenção em nós é quando seguimos a maneira de Jesus conviver, e até mesmo amar, gente com quem, humanamente falando, não teríamos nenhuma razão para conviver nem motivo para amar. Temos um longo caminho a percorrer, seja nos Estados Unidos, seja no Brasil, seja em várias outras partes do mundo. Nesse aspecto, se comparados a muitos de nossos irmãos da Ásia e do Leste Europeu, ficaríamos envergonhados de nossa postura.

A humildade era vista como um sinal de fraqueza no antigo mundo greco-romano; Jesus declara bem-aventurados aqueles

CAPÍTULO 04

que a demonstram. Nos primeiros anos da história da Igreja, muitos olhavam para os cristãos com estranheza por valorizarem a unidade e a civilidade como virtudes. É hora de sermos olhados com estranheza novamente, neste nosso mundo dividido e enlouquecido pelo poder.

Craig Blomberg

Professor emérito de Novo Testamento no Denver Seminary (EUA); doutor em Novo Testamento (Universidade de Aberdeen), com especialização nas parábolas e nos escritos de Lucas; mestre em Artes (Trinity Evangelical Divinity School); e bacharel em Artes (Augustana College). Lecionou na Palm Beach Atlantic College e foi pesquisador na Universidade de Cambridge (Inglaterra). Articulista de revistas acadêmicas, é autor de doze livros e coautor ou coeditor de oito livros. Blomberg é considerado um dos pesquisadores mais importantes da biografia de Jesus.

THINGS

PRECISAMOS COMBATER A POLARIZAÇÃO E O DISCURSO DE ÓDIO NO BRASIL E NO MEIO CRISTÃO

MARISA LOPES

De onde vêm as guerras e contendas que há entre vocês? Não vêm das paixões que guerreiam dentro de vocês? TIAGO 4.1

Vivemos um cenário de extrema polarização político--ideológica. Esse fenômeno vem provocando uma ruptura profunda no tecido social e uma crescente incapacidade de comunicação entre adeptos de grupos opostos.

A impressão que se tem é que passamos por uma escalada progressiva e galopante no tom e na atitude, que nos levou do debate ao embate, ao combate e ao abate.

A internet, por meio de suas mídias sociais, a princípio se apresentou como ambiente de trocas, mas, com o tempo, passou a se mostrar como um novo espaço de ataques cada vez mais violentos — e não de diálogo. As redes sociais se tornaram o espaço preferido de grupos rivais para trocar ofensas, e não ideias. A comunicação passou a ocorrer em bolhas formadas por integrantes desses grupos concorrentes, nas quais ninguém se comunica de fato. As pessoas tão somente repercutem e reforçam visões de mundo idênticas, além de ódio pelo grupo adverso.

Isso nos leva a refletir: em que momento perdemos a capacidade de dialogar? A impressão é que o diálogo entre os grupos discordantes inexiste. Vivemos a era dos *haters*.

Artigo publicado no site da revista *Scientific American*, intitulado "How identity, not issues, explains the partisan divide: new research has disturbing implications" [Como a identidade, não os temas, explica a divisão partidária: nova pesquisa tem implicações preocupantes], alega que todo esse ódio entre grupos divergentes decorre do fato de que estamos vivendo uma polarização afetiva, e não ideológica. Entre outras revelações preocupantes, o artigo, escrito por Cameron Brick (doutor em Psicologia, especializado em cognição, comportamento e problemas coletivos) e Sander van der Linden (professor de Psicologia Social), afirma:

> Liberais e conservadores dos Estados Unidos não apenas discordam em questões políticas: eles também estão cada vez

menos dispostos a viver perto um do outro, serem amigos ou se casar com membros do outro grupo. Essa rejeição baseada na participação em um grupo é chamada de *polarização afetiva*, o que significa que nossos sentimentos em relação aos membros de nosso próprio grupo são diferentes quando comparados com os afetos que temos para com os de fora do nosso grupo. A crescente intolerância no país é um enigma, já que discordar das políticas não precisa necessariamente causar desconfiança desenfreada e impasse legislativo. Por exemplo, países com representação eleitoral proporcional como a Alemanha criam coalizões funcionais entre diferentes ideologias.[1]

Constatamos, com pesar, que a situação em nosso país não é diferente. Notamos que no Brasil, da década de 2010 em diante, esse fenômeno de intensa polarização e ódio crescente entre grupos político-ideológicos opostos é cada vez mais evidente e preocupante. E ele é perceptível na sociedade como um todo, mesmo entre pessoas que se identificam como cristãs e deveriam promover a pacificação, em vez do ódio. No âmbito das igrejas evangélicas, em particular, o tom entre pessoas adeptas de grupos políticos divergentes infelizmente tem se elevado pouco a pouco.

O que podemos fazer para mudar esse cenário? Gostaria de lançar luz sobre essa questão por meio de uma breve reflexão bíblica. Afinal, o que a Escritura tem a nos dizer sobre respeito e amor ao próximo e sobre diversidade e unidade no Corpo de Cristo?

O ser-em-relação e o princípio bíblico do respeito e do amor ao outro

O amor só existe no contexto de um relacionamento, pois implica dualidade. Quem ama, ama alguém: o outro. Assim nos ensina Martin Buber, em sua célebre obra *Eu e tu*,[2] na qual traça uma filosofia do diálogo. Trocando em miúdos, ele afirma que o amor só existe na relação entre um ser humano e o outro, seja esse outro a natureza (criação), seja outro ser humano (criatura), seja Deus (Criador).

Talvez por isso Deus tenha criado Eva: para que Adão pudesse amar. Talvez por isso a Bíblia enfatize tanto a figura do próximo, uma vez que é na relação com o outro que aprendemos dois conceitos intrínsecos à nossa existência como ser-em--relação: o amor e o respeito.

As características distintivas da alteridade que constitui o ser na relação *Eu-tu* são, segundo Buber, a reciprocidade e o diálogo, pois, quando o ser humano se relaciona com um objeto, ele o faz por meio da relação *Eu-isso*, marcada pela apropriação ou, em outras palavras, pela posse do objeto. E posse não envolve reciprocidade nem diálogo, apenas domínio.

Os problemas nos relacionamentos humanos surgem, portanto, justamente quando as pessoas quebram a harmonia e começam a confundir essas duas formas de relação, trocando, por exemplo, reciprocidade por domínio ou diálogo por monopólio da verdade. A Bíblia está repleta de exemplos de harmonia e desarmonia no que se refere à questão da alteridade, por retratar casos tanto de respeito quanto de confusão em torno dessas duas formas de relação. Vejamos alguns deles.

Adão e Eva: o primeiro exemplo de harmonia e desarmonia na relação com o outro

Logo no princípio de tudo, notamos a importância da alteridade, quando Deus emite o seguinte juízo de valor: "*Não é bom que o homem esteja só*; farei para ele alguém que o auxilie e lhe corresponda" (Gn 2.18; grifo nosso). Em Gênesis 2.20, vemos o texto bíblico reafirmar a alteridade, ou seja, a imprescindibilidade de o ser humano existir como ser-em-relação, quando mostra que não se encontrou para o homem, entre a criação, alguém que o auxiliasse e lhe correspondesse, uma contraparte. Deus, então, cria Eva e, na cena em que a leva até Adão, o texto retrata toda a harmonia que marcava essa relação do ser com o outro:

> Disse então o homem: "Esta, sim, é osso dos meus ossos e carne da minha carne! Ela será chamada mulher, porque do homem foi tirada." Por essa razão, o homem deixará pai e mãe e se unirá à sua mulher, e eles se tornarão uma só carne. O homem e sua mulher viviam nus, e não sentiam vergonha. GÊNESIS 2.23-25

Tal harmonia é perceptível por três fatores: a imediata identificação ou reciprocidade com o outro da relação ("Esta, sim, é osso dos meus ossos e carne da minha carne!"); a união com o outro ("o homem deixará pai e mãe e se unirá à sua mulher, e eles se tornarão uma só carne."); e a total transparência dialógica na relação com o outro ("O homem e sua mulher viviam nus, e não sentiam vergonha.").

No entanto, o pecado, como sempre, interfere nessa relação, trazendo desarmonia. Essa quebra da harmonia pode ser notada por algumas evidências do texto bíblico: a ausência de diálogo entre Adão e Eva ("[Eva] tomou do seu fruto, comeu-o e o deu a seu marido, que comeu também", Gn 3.6); o desaparecimento da transparência dialógica na relação entre seres humanos ("Os olhos dos dois se abriram, e perceberam que estavam nus; então juntaram folhas de figueira para cobrir-se", Gn 3.7), bem como desses seres com Deus ("esconderam-se da presença do Senhor Deus entre as árvores do jardim", Gn 3.8); e a quebra da união e a objetificação do outro ("Foi a mulher que me deste por companheira que me deu do fruto da árvore, e eu comi", Gn 3.12).

Se contrastarmos as falas de Adão, notaremos a quebra da harmonia, pois veremos que, ao dizer "Esta, sim, é osso dos meus ossos e carne da minha carne!", ele se refere à mulher como uma semelhante, mas, ao dizer "a mulher que me deste", Adão se refere a Eva como um objeto, evocando aspectos da esfera da apropriação, e não da reciprocidade. Pelo texto, vemos também que a quebra da harmonia decorre da violação do princípio bíblico do respeito e do amor ao outro.

Judeus e gentios: o exemplo emblemático de desarmonia na relação com o outro

Se há uma relação que não é marcada pelo princípio bíblico do respeito e do amor ao outro é o relacionamento entre judeus e gentios no primeiro século. Por isso, o Novo Testamento dedica tantas e tantas páginas a restaurá-la, pelos esforços evidentes de Paulo, Pedro e do próprio Jesus para incutir harmonia, amor e respeito nessa relação tão conflituosa.

Por um lado, o conflito estava calcado na exigência do cumprimento da lei mosaica para que os gentios fossem aceitos como cristãos, uma prova da ausência de reciprocidade na relação dos judeus com os gentios, uma vez que tal relação era objetificada na questão do cumprimento de rituais frios da lei.

Por outro lado, constata-se também a completa falta de diálogo, uma vez que os judeus se colocavam perante os gentios como aqueles que detinham o monopólio da verdade. Por essa

CAPÍTULO 05

razão, vemos Deus dizer a Pedro: "Não chame impuro ao que Deus purificou" (At 10.15) e Paulo se dedicar ao ministério aos gentios, a ponto de tornar-se prisioneiro de Cristo por amor a eles (Ef 3.1). Sim, o mesmo Paulo, que antes perseguia e matava os cristãos, agora está disposto a morrer por amor a eles, a fim de cumprir o ministério que Jesus lhe havia confiado. São do próprio Paulo estas súplicas: "Façam todo o esforço para conservar a unidade do Espírito pelo vínculo da paz" (Ef. 4.3) e

> vocês já se despiram do velho homem com suas práticas e se revestiram do novo, o qual está sendo renovado em conhecimento, à imagem do seu Criador. Nessa nova vida já não há diferença entre grego e judeu, circunciso e incircunciso, bárbaro e cita, escravo e livre, mas Cristo é tudo e está em todos. Portanto, como povo escolhido de Deus, santo e amado, revistam-se de profunda compaixão, bondade, humildade, mansidão e paciência.
>
> Suportem-se uns aos outros e perdoem as queixas que tiverem uns contra os outros. Perdoem como o Senhor lhes perdoou. Acima de tudo, porém, revistam-se do amor, que é o elo perfeito. Que a paz de Cristo seja o juiz em seus corações, visto que vocês foram chamados a viver em paz, como membros de um só corpo. COLOSSENSES 3.9-15

Portanto, se analisarmos os diversos textos do Novo Testamento que tratam desse conflito, constataremos facilmente a falta de reciprocidade e de diálogo tão combatida por Paulo e outros cristãos. Veremos neles, também, que a quebra da harmonia decorre da violação do princípio bíblico do respeito e do amor ao outro.

A Trindade: exemplo supremo de harmonia na relação com o outro

Ao falar de Jesus, Buber afirma que "ele é o Eu da relação absoluta, na qual o homem atribui ao seu Tu o nome de Pai".[3] Essa relação absoluta, no entanto, é tão perfeita que não se esgota nessa dualidade Pai-Filho, mas se desdobra em uma Trindade de perfeita harmonia, unidade, reciprocidade e diálogo: Pai-Filho-Espírito Santo.

Tais harmonia e unidade são tão importantes para Deus que ele quer vê-las refletidas na vida da igreja, como ensina Rick Warren:

> A unidade é a alma da comunhão. Destrua-a, e removerá o coração do corpo de Cristo. A unidade está no âmago daquilo que Deus deseja que experimentemos na vida conjunta da igreja. Nosso modelo supremo de unidade é a Trindade. O Pai, o Filho e o Espírito Santo são totalmente unidos em um. O próprio Deus é o maior de todos os exemplos de amor sacrificial, de humildade para com os outros e de perfeita harmonia.[4]

Por essa razão, Jesus orou apaixonadamente: "Pai santo, protege-os em teu nome, o nome que me deste, para que sejam um, assim como somos um" (Jo 17.11). A afirmação "somos um" aponta não só para a harmonia e a unidade que há entre eles, mas para o fato de que o Pai, o Filho e o Espírito Santo são, assim, seres-em-relação, "no sentido de que tudo aquilo que cada um é, ele é em relação a um deles ou a ambos".[5]

Assim, fica claro que, em nossa existência como seres-em-relação, devemos ser um, assim como eles são um, e, para tanto, devemos obedecer ao princípio bíblico do respeito e do amor ao outro (o nosso próximo).

CAPÍTULO 05

Sobre diversidade e unidade no Corpo de Cristo

Em geral, temos ou aprendemos um conceito romantizado de Corpo de Cristo. Corpo também é tensão. É diferença. É diversidade. É, sobretudo, aprender a amar o diferente, e não a eliminar as diferenças. É compaixão pelas deficiências do outro e consciência do miserável homem que sou. Enfim, é consciência da miserabilidade humana, própria e alheia, e da enormidade da graça que nos acolhe a todos — mesmo pobres, cegos e nus.

O apóstolo Paulo dá muita ênfase ao princípio do acolhimento da diversidade, tanto no Corpo de Cristo quanto fora dele, mas sempre a serviço do evangelho:

> Porque, embora seja livre de todos, fiz-me escravo de todos, para ganhar o maior número possível de pessoas. Tornei-me judeu para os judeus, a fim de ganhar os judeus. Para os que estão debaixo da lei, tornei-me como se estivesse sujeito à lei (embora eu mesmo não esteja debaixo da lei), a fim de ganhar os que estão debaixo da lei. Para os que estão sem lei, tornei-me como sem lei (embora não esteja livre da lei de Deus, mas sim sob a lei de Cristo), a fim de ganhar os que não têm a lei. Para com os fracos tornei-me fraco, para ganhar os fracos. Tornei-me tudo para com todos, para de alguma forma salvar alguns. Faço tudo isso por causa do evangelho, para ser coparticipante dele. 1CORÍNTIOS 9.19-23

Acaso, ao acolher a diversidade, Paulo comprometeu o evangelho? Jamais! Antes, ele acolheu a diversidade, o diálogo e o respeito mútuo, movido justamente pelo amor que um dia o evangelho plantou em seu coração. Na verdade, o apóstolo é nossa maior prova de que só o amor pode transformar inimigos em irmãos.

Mas nosso maior exemplo de como viver a diversidade em amor é o próprio Jesus Cristo. Ele comia com os odiados publicanos e conversava com aquela que era marginalizada por ser mulher e samaritana. Em tudo e por tudo, Jesus desafiava o *establishment* religioso de sua época, que usava a letra fria da lei para fomentar o ódio, e não o amor. Ele é o nosso exemplo supremo de alguém que de fato viveu e morreu por amor, em diversidade. Ele é o motivo maior de nós, cristãos, não podermos viver com ódio no coração. Afinal, Jesus nunca odiou, nem mesmo quando foi odiado.

Dessa forma, em vez de acusações, dedos em riste, palavras ásperas e punhos fechados em ira, os cristãos precisam dar as mãos e ouvir a voz da Escritura, que faz muitos apelos à unidade na diversidade. Os cristãos precisam ser e viver como Corpo de Cristo, "unido à Cabeça, a partir da qual todo o corpo, sustentado e unido por seus ligamentos e juntas, efetua o crescimento dado por Deus" (Cl 2.19). "Porque Deus nos escolheu nele antes da criação do mundo, para sermos santos e irrepreensíveis em sua presença" (Ef 1.4). Atendamos, pois, aos apelos de Paulo:

> Como prisioneiro no Senhor, rogo-lhes que vivam de maneira digna da vocação que receberam. Sejam completamente humildes e dóceis, e sejam pacientes, suportando uns aos outros com amor. Façam todo o esforço para conservar a unidade do Espírito pelo vínculo da paz. EFÉSIOS 4.1-3

> Quando vocês ficarem irados, não pequem. Apaziguem a sua ira antes que o sol se ponha, e não deem lugar ao diabo.

CAPÍTULO 05

[...] Nenhuma palavra torpe saia da boca de vocês, mas apenas a que for útil para edificar os outros, conforme a necessidade, para que conceda graça aos que a ouvem. Não entristeçam o Espírito Santo de Deus, com o qual vocês foram selados para o dia da redenção. Livrem-se de toda amargura, indignação e ira, gritaria e calúnia, bem como de toda maldade. Sejam bondosos e compassivos uns para com os outros, perdoando-se mutuamente, assim como Deus perdoou vocês em Cristo. EFÉSIOS 4.26-27, 29-32

Como sugeriu o poeta Carlos Drummond de Andrade, "vamos de mãos dadas". O trecho do poema é curto, mas o caminho é longo, meus irmãos e minhas irmãs: "O presente é tão grande, não nos afastemos. Não nos afastemos muito, vamos de mãos dadas".

A polarização e o discurso de ódio são fenômenos que têm avançado na sociedade e precisam ser combatidos. É preciso haver um esforço coletivo de pacificação, na busca pelo resgate do diálogo e de respeito mútuo na sociedade brasileira em geral, e, em especial, entre cristãos.

Ainda que a implementação plena da paz seja algo que, segundo cremos, somente se dará no futuro, com a volta de Jesus, como discípulos dele acreditamos que é nosso papel lutar por ela naqueles momentos da história em que densas trevas procuram encobri-la. Em suma, precisamos trazer de volta a luz: a luz da razão, a luz do amor, a luz de Cristo. E gostaríamos de convidar você a se unir a nós nesse esforço. Sigamos juntos, mostrando que é possível haver unidade na diversidade!

Marisa Lopes

Mestre em Letras (Universidade Presbiteriana Mackenzie) e em Comunicação Intercultural (Fuller Theological Seminary, EUA) é graduada em Direito (Universidade Estadual de Londrina) e em Letras (Universidade Estadual do Paraná). Atua desde 2004 como editora e tradutora de textos acadêmicos em áreas como filosofia, liderança e teologia. É membro da Igreja Graça Soberana, em São Paulo (SP).

A RELAÇÃO PSICOTEOLÓGICA NO PROBLEMA DA DIVERGÊNCIA, DO ÓDIO E DA FALTA DE UNIDADE NA IGREJA

DANIEL GUANAES

S ociedades e civilizações de diferentes épocas e lugares enfrentam problemas muito similares. Por um lado, isso ocorre porque existem dilemas que acompanham a história e guardam relação com a constituição dos indivíduos e com as vivências mais elementares das suas relações interpessoais. Por outro, há questões que são muito particulares; talvez nem tanto na essência, mas, certamente, nos contornos específicos que ganham nos diferentes contextos. Nesse sentido, cada geração tem sobre os seus ombros a responsabilidade de identificar fenômenos e lidar de maneira apropriada com as mazelas que lhe são peculiares.

Um dilema tão antigo quanto a humanidade, mas que parece apresentar aspectos específicos na contemporaneidade, é o que diz respeito à maneira como nos comunicamos, quer nas dimensões do micromundo dos nossos relacionamentos, quer nos tecidos do macromundo das organizações religiosas, políticas e de outras espécies.

Comunicar-se é um desafio, mesmo que nem sempre essa ação seja vista como tal. Como nos comunicamos desde o início da vida, julgamos que a comunicação esteja entre os comportamentos intuitivos. Não está. É uma arte, e, como tal, requer esforço, disciplina, aprendizado.

Um fenômeno crescente na atualidade diz respeito à comunicação. A despeito de estarmos no século 21 e desfrutarmos da pavimentação da história, com tantos avanços civilizatórios, tenho a impressão de que acontece uma espécie de involução na arte de se comunicar. Progredimos na ciência, sofisticamos a tecnologia e aprimoramos a segurança, mas voltamos a agir como bárbaros na comunicação.

O problema parece não estar alocado em setores específicos da sociedade, mas diluído pelo todo. A violência passou a ser admitida como linguagem política, social e, inclusive, religiosa. É sobre essa última questão, em especial, que me dedico a tratar neste capítulo, não por ser mais grave do que as demais, mas por afetar um organismo em particular do qual faço parte e pelo qual, em alguma medida, respondo, e com o qual a violência nunca deveria estar associada: a igreja.

Violência no discurso cristão: uma contradição

A violência legitimada como forma de comunicação religiosa é a inversão do propósito para o qual a comunidade dos seguidores de Jesus existe. Quero tratar não apenas do problema da violência enquanto linguagem religiosa, mas também contribuir com olhares da psicologia sobre esse fenômeno e apontar possíveis caminhos na direção do exercício de uma postura irênica (isto é, pacífica e pacificadora).

As religiões e a psicologia fazem caminhos muito próximos quando tentam descrever o lugar da comunicação na experiência individual e comunitária dos seres humanos. Para a tradição judaica, e, por extensão, para a sua herdeira, a tradição cristã, as palavras ganham tanta importância que aparecem como instrumento-símbolo da criação do universo.

Em Gênesis, Deus põe ordem em um universo caótico pela convocação da palavra. O profeta registra que foi em resposta ao "disse Deus" que o mundo veio a existir. No prólogo do Evangelho que carrega o seu nome, João, valendo-se do texto de Moisés e das categorias filosóficas gregas, faz referência a Jesus, dizendo que a palavra que estava no princípio com Deus era o próprio Deus. A mesma ideia da palavra como potência ampliadora do mundo aparece nas psicologias do desenvolvimento humano, por exemplo. A aquisição da linguagem por parte da criança amplia o seu mundo, bem como o de seus pais.

Por causa do uso das palavras, a comunicação deixa de ser truncada e intuitiva e passa a ser objetiva e clara. É uma espécie de equivalência da criação do texto de Moisés. As palavras levam o ambiente de comunicação de uma família do caos à ordem.

As palavras são importantes não apenas na gênese da vida, mas ao longo de todo o seu curso. Teoricamente, quanto mais avançamos em idade, espera-se que mais hábeis nos tornemos no uso das palavras. Daí o espanto antes mencionado de, a despeito de tantos avanços na história, vivermos um tempo marcado pelo uso tão violento da linguagem, em razão de uma inabilidade na comunicação e de uma opção pela intolerância em detrimento do diálogo.

O uso da palavra como potência criadora de vida ou propagadora de morte

Parte da explicação psicológica acerca da forma como temos nos relacionado com as palavras tem a ver com o que a experiência da comunicação proporciona ao ser humano. Além da questão de a palavra ser elemento ampliador e ordenador do mundo, penso que um dos grandes fascínios que ela exerce sobre um indivíduo seja a experiência de poder que ela lhe proporciona.

Numa conversa, por exemplo, quem tem a palavra tem a atenção. A regra vige até no ditado popular, que ensina que "quando um burro fala, o outro abaixa a orelha". O mesmo acontece quando uma mãe chama um filho pelo nome: ela o captura. Há o exercício do poder, mesmo que momentâneo, quando um nome é invocado pela palavra que o designa.

Na tradição do Êxodo, há um episódio que registra essa experiência humana no uso da palavra como exercício de poder.

CAPÍTULO 06

Ao relatar o episódio em que Deus aparece na sarça, Moisés conta que lhe perguntou que nome deveria dizer aos filhos de Israel, no Egito, quando eles quisessem saber quem o havia enviado. A resposta foi: "Diga que 'eu serei o que serei' o enviou" (Êx 3.14, citação traduzida pelo autor diretamente do hebraico). Parece haver uma disputa pelo controle da situação aqui. Com medo de regressar ao lugar de onde fugiu e enfrentar a maior potência militar que o mundo conhecia nos seus dias, mas, ao mesmo tempo, fascinado pela experiência epifânica, Moisés consente em ir para o Egito, desde que saiba o nome de quem o envia. A resposta de Deus é uma provocação. A palavra que ele oferece é uma não-palavra: "eu serei o que serei" enviou. Moisés não tem um nome para apresentar. É o anúncio de que a nós, na jornada com Deus, nos resta a angústia de vivermos sem controlar aquele que nos conduz. É o caminho da fé.

A Bíblia está repleta de outras histórias que descrevem a sutil relação humana com as palavras como potência. Histórias bem-sucedidas e histórias malsucedidas. Por sinal, se há algo fascinante na Bíblia nesse sentido é o seu compromisso de registrar não apenas o sucesso, mas também o fracasso dos personagens que preenchem as suas páginas. Afinal, se é ela que inspira e norteia a igreja e os cristãos no exercício da sua missão, é bom que saibamos o que fazer e o que não fazer.

Dito de outra forma, é bom que saibamos como replicar experiências do uso da palavra como potência criadora de vida e como evitar experiências do uso da palavra como potência propagadora de morte. Sim! Porque as duas possibilidades estão diante de todo indivíduo no uso das palavras. Elas podem servir como força edificadora ou como força destruidora, que é

107

exatamente o que acontece quando se faz uso da violência como linguagem religiosa.

A igreja é uma comunidade plural comprometida com a proclamação de uma mensagem. Isso significa que fazer uso da palavra está no âmago da sua missão e que é inevitável experimentar caminhos diferentes para tal. A pluralidade da igreja, às vezes tratada de forma romântica, constitui grande desafio na relação dos seus integrantes. Porque se a igreja é (não apenas, mas também) a comunidade da proclamação, e a relação de todo indivíduo com as palavras é marcada por uma experiência fundante com o poder, é possível que sempre que nos encontremos no espaço da divergência o transformemos no espaço da disputa. Isso só não acontecerá se tivermos consciência desse processo, se nos disciplinarmos a restringir o embate apenas às ocasiões necessárias e se desenvolvermos a arte da comunicação como exercício de diálogo e colaboração.

A pluralidade não deveria ser vista como um problema no contexto da fé. Em primeiro lugar, porque não existe alternativa à pluralidade. Ainda que no campo teórico alguém sugira outra opção, a verdade prática é que não há outra opção relacional senão a da experiência com o outro (como sinônimo de diferente; aquele que faz oposição ao eu). Seja qual for o núcleo em questão, como não existe um indivíduo igual a outro, não há opção que não seja a multiplicidade.

Em segundo lugar, a pluralidade não deveria ser vista como um problema porque o convívio com iguais (se fosse possível) não nos faria avançar. Inclusive, essa realidade está posta nas primeiras páginas da Bíblia. Em Gênesis 2, quando descreve a formação da mulher e a chama de "auxiliadora idônea", as palavras hebraicas que o autor do texto utiliza — *lo esseh ezer kenegedo* — literalmente significam "uma ajuda ou ajudadora contra ele", isto é "uma contraparte". *Ezer* significa auxílio, apoio, ajuda e *neged* significa contra. Parece que a ideia pretendida no texto é a de mostrar que o que estava faltando ao homem no jardim era alteridade, ou seja, uma contraparte. E é justamente quando se encontra com essa "ajuda contra" si mesmo, com essa contraparte, que o homem se percebe completo. Porque a alteridade não nos diminui — antes, nos acrescenta e nos engrandece.

Mazelas peculiares ao nosso tempo que agravam os dilemas da comunicação

Os dilemas da comunicação e do uso ambivalente da palavra como potência de vida e de morte são tão antigos quanto a humanidade. Mesmo assim, nosso contexto proporciona contornos muito próprios nesse quesito, amplificados por características específicas da nossa geração.

O primeiro elemento peculiar da nossa época que contribui para esse cenário é o fato de que vimos nascer o estilo de vida *on demand* e vivemos imersos no mundo dos algoritmos. Nossa vida cotidiana é cada vez mais moldada pela experiência de nos cercarmos (quase que) apenas daquilo que se coaduna com o que nos gera prazer e reduz o desconforto. Por estilo de vida *on demand* me refiro ao fato de que, diferentemente de algumas décadas atrás, quando exercitávamos a paciência e lidávamos com a angústia de ter de esperar a hora certa das coisas (como um programa de televisão, por exemplo), hoje escolhemos não apenas o que consumir, mas também a hora e a forma de consumir.

Em um mundo de algoritmos, alimentamos as máquinas para que elas nos apresentem cada vez mais aquilo que nos gera satisfação, eliminando o que está fora do nosso campo de interesse. Como efeito colateral, diminuímos as nossas experiências com a alteridade, não ouvimos a dissonância e perdemos a "ajuda contra nós" — a experiência com o outro que nos confrontava e nos fazia crescer. Lidamos cada vez menos com o contraditório. Agora, passamos a crer que a voz do outro, porque é diferente da minha, precisa ser silenciada.

Outro elemento peculiar da nossa época, que contribui para a involução na comunicação, é o fenômeno das redes sociais como vitrine das vaidades humanas e ambiente fomentador da busca incessante por espelhos. Que fique bem claro: as redes sociais democratizaram o microfone como jamais antes na história, e isso é maravilhoso. Salvo as diferenças nos números de seguidores, qualquer cidadão comum utiliza para se comunicar, hoje, o mesmo canal que chefes de Estado. Movimentos sociais, como a Primavera Árabe, foram organizados nas redes. Operações policiais — como a instalação das UPPs no Complexo do Alemão e a famosa fuga de traficantes nas favelas do Rio de Janeiro — foram noticiadas por moradores em tempo real. Poderíamos citar muitos outros exemplos de comunicação potencializada pelo uso de ferramentas que estão à disposição de qualquer pessoa que tenha um *smartphone*.

Porém, é fato que as redes fizeram emergir o narciso que habita em cada ser humano. A busca por espelhos que reflitam as próprias opiniões e por vitrines que saciem nossa sede de *likes*, compartilhamentos e demais formas de engajamento criou a ideia de que, para estar sob o holofote, vale praticamente qualquer coisa. Como o grito chama mais atenção do que a conversa, desenvolvemos o interesse pela "mitagem", pela "lacração". Resultado: desaprendemos a conversar.

A igreja deve ser um espelho da sociedade ou a imagem de Cristo para a sociedade?

O que acontece na sociedade acontece na igreja. Somos parte do todo. Se desaprendemos a dialogar no macromundo das organizações políticas e dos demais espaços sociais, desaprendemos também a dialogar no micromundo das nossas comunidades de fé. Discutimos interpretações bíblicas, modelos eclesiásticos, ênfases doutrinárias e outras questões como se estivéssemos em uma arena.

Em nome da defesa do que julgamos ser a verdade, empurramos qualquer coisa que para nós não se assemelhe àquilo para o espectro da mentira. Ignoramos as palavras de Cristo, em sua oração sacerdotal, pedindo ao Pai que os discípulos fossem um, porque, assim sendo, o mundo creria que o Pai o havia enviado.

Uma das grandes belezas da Igreja é o fato de ela nascer num contexto de valorização do diálogo. Cristo, de quem a Igreja nasce e a quem ela segue, chega a este mundo em um cultura para a qual a divergência de opinião não era vista necessariamente como uma maldição, mas como uma bênção. As controvérsias entre as escolas rabínicas fortaleciam a Torá. A cultura de Israel, na qual Jesus cresceu e se apresentou como mestre, foi construída pela energia criativa que havia na tensão entre um sacerdote e um profeta, entre saduceus e fariseus, entre a casa de Hilel e a de Shamai.

Jesus não apenas nasce nesse contexto, mas parece reproduzir a mesma realidade dinâmica ao formar seu primeiro grupo de seguidores. O Mestre põe um sujeito impulsivo lado a lado com outro apelidado de filho do trovão; um homem que pertencia a uma classe popularmente conhecida como traidora da pátria e corrupta lado a lado com outro filiado a um partido de bandidos e salteadores. Imagine o esforço que Jesus fez para que os discípulos aprendessem a ouvir, falar, concordar, discordar, afirmar, negar, perguntar e silenciar de forma irênica.

O próprio protestantismo também tem na sua gênese o direito à dissonância. A alteridade é inerente ao termo que nos define como movimento. Se somos protestantes, é evidente que não pensamos o mesmo acerca de tudo. Nunca o fizemos. E dificilmente o faremos. Afinal, não somos uma força monolítica, não somos monocromáticos nem conversamos no mesmo tom. Falamos a partir de muitos lugares e temos muitas vozes e assuntos. Pedro, o apóstolo, fala de Deus como aquele cuja graça é multiforme (1Pe 4.10). Acredito que a igreja seja a representação encarnada dessa proclamação bíblica.

É justamente por isso que a postura irênica do cristão precisa ser intencional. Precisamos nos empenhar na construção de agendas conciliadoras e pacificadoras. Precisamos nos esforçar pela elaboração de pautas que fomentem o respeito; conversas que nos ambientem no desconforto da dissonância. Precisamos ouvir os que, sendo de dentro, divergem de nós nas ênfases, nos métodos e até nas leituras. Precisamos abdicar do desejo da afirmação que passa pela invalidação do outro. Precisamos desenvolver empatia. Precisamos aprender a escutar de forma ativa. Precisamos prescindir do desejo de reduzir a experiência com a verdade ao campo da cognição e, por isso, querer ter a última palavra para mostrar que estamos certos.

Precisamos fazer tudo isso não apenas porque a relação humana inata com as palavras é da ordem da disputa pelo poder ou porque os contornos do nosso tempo nos levam a valorizar a comunicação como se estivéssemos sempre em um duelo. Precisamos fazer isso, acima de todas as coisas, porque o ímpeto de só darmos ouvido àquilo e àqueles que fazem avançar e ecoar nossas percepções roubará da Igreja sua capacidade de ser profética em uma das formas mais necessárias da atualidade: na capacidade de ser a demonstração encarnada do diálogo como o único caminho pacificador, em um mundo que transformou o ódio em virtude, trivializou a violência e a legitimou como linguagem.

Que as palavras são potência de destruição e morte qualquer indivíduo pode demonstrar. O milagre de se comunicar para potencializar a vida que o evangelho oferece, no entanto, só a Igreja, por meio da graça, pode se permitir ser. Afinal, ela é a comunidade que entendeu que, em Cristo, a palavra encarnada do Eterno, Deus está reconciliando consigo o mundo. E que, como parte dessa comunidade, todos podemos e devemos ser ministros da reconciliação. É o que nos ensina o apóstolo Paulo: "Tudo isso provém de Deus, que nos reconciliou consigo mesmo por meio de Cristo e nos deu o ministério da reconciliação" (2Co 5.18).

Daniel Guanaes

Pastor na Igreja Presbiteriana do Recreio (Rio de Janeiro, RJ) e psicólogo clínico. Bacharel em Teologia (Faculdade Teológica Sul-Americana — FTSA) e em Psicologia (Universidade Estácio de Sá). Obteve MDiv pelo CPAJ da Universidade Presbiteriana Mackenzie e PhD em Teologia pela Universidade de Aberdeen (Escócia).

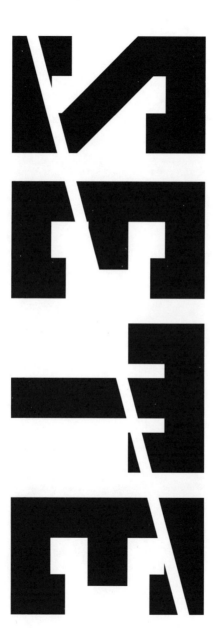

A BANDA DE CÁ, A DE LÁ E A DE DEUS

RICARDO BITUN

Cristo não veio com um projeto acabado para organizações políticas; muitos tipos de organizações políticas são compatíveis com a fé cristã, da monarquia à democracia. Mas, num contexto pluralista, a ordem de Cristo "em tudo, façam aos outros o que vocês querem que eles lhes façam" (Mt 7.12) impõe que os cristãos dispensem a outras comunidades religiosas as mesmas liberdades políticas e religiosas que eles reivindicam para si mesmos. Em outras palavras, os cristãos, mesmo aqueles que em suas visões religiosas são exclusivistas, devem abraçar o pluralismo como projeto político.

MIROSLAV VOLF

Em religião, fanatismo é a aliança das paixões que ela condena com os dogmas que ela professa [....]. Apenas uma civilização moribunda negligencia a própria morte.

CHRISTOPHER DAWSON

RICARDO BITUN

O Brasil de nossos tempos sucumbiu ao fenômeno da polarização. É como se, em algum momento, tivéssemos duas retas paralelas que parecem não encontrar um ponto sequer em comum. Como diria o compositor Adoniran Barbosa na canção *É da banda de lá*: "Alguém desafinou. / Trocaram o dó pelo fá. / E todo mundo protestou! / É da banda da banda de lá! / É da banda da banda de cá!

Parece que a coisa desafinou: os da banda de lá passaram a não falar mais com os da banda de cá e tudo o que os de cá falavam os de lá replicavam — e vice-versa. O resultado: intolerância político-ideológica bipolarizada. E, ao que tudo indica, nenhuma das bandas tem hora marcada para terminar de tocar.

Como se não bastasse esse cenário político complexo e bipolarizado, outro personagem resolveu entrar para tocar nessas bandas. Por alguma razão que não entendemos muito bem, aconteceu uma divisão: um tanto foi para um lado, outro tanto foi para o outro, e cada um desses dois grupos decidiu se juntar a uma daquelas duas bandas e ajudar na percussão. Refiro-me ao atual movimento evangélico brasileiro — e temos ciência de que, quando dizemos "movimento evangélico" em nosso país, nos referimos a algo extremamente complexo.

Na tentativa de alcançar uma compreensão melhor dessa falta de harmonia, revisitaremos parte do legado da Revolução Francesa. Segundo alguns autores:

> [...] enquanto revolução contra o Antigo Regime gera uma liberdade que, por ser rapidamente absorvida pela institucionalização capitalista, logo necessita de outra revolução dentro da "revolução burguesa", revolução que dificilmente irromperá por si mesma e

terá um certo cristianismo evangélico como principal aliado. Esse fenômeno merecerá nossa atenção, bem como o da religiosidade ou celebração cerimonial e discurso sacralizador dos princípios republicanos e humanistas da Revolução.[1]

Assim, creio que podemos nos utilizar desse veio religioso e do discurso sacralizador dos princípios republicanos para buscar uma melhor clareza do atual estado de coisas no que se refere à esfera político-religiosa brasileira. Traremos da Revolução Francesa apenas um aspecto principal, que entendemos ser plausível para a compreensão do tema estudado: a separação entre Igreja e Estado.

Num primeiro momento, faz-se necessário contextualizarmos, ainda que de maneira breve, o que foi a Revolução Francesa do século 18 e quais foram suas principais causas. Afinal, nenhum evento histórico acontece no vazio. São incontáveis as tramas sociais que se entrelaçam, de modo a resultar no acontecimento histórico propriamente dito. Daí a razão de contarmos um pouco da história e de seus antecedentes, a fim de entendermos melhor o atual momento em que vivemos.

A Revolução Francesa

Instigada pelo avanço dos ideais iluministas e pelas sucessivas crises financeiras que o país atravessava, irrompeu em solo francês uma das guerras civis mais cruentas vivenciadas pelo país, entre os anos de 1789 e 1799. Dentre as várias mudanças ocorridas no cenário político, a Revolução inaugurou o início da queda do absolutismo na Europa e sua transição para o novo regime: a república.

Ao que tudo indica, convulsões sociais e desejos por mudanças intensificam-se em períodos de profundas crises econômicas, as quais se arrastam por longos períodos sem que a população vislumbre melhorias a longo prazo. Não foi diferente na França. As crises econômica e política, agregadas à insatisfação popular, rapidamente foram capitaneadas pelos interesses burgueses atrelados aos ideais iluministas, a fim de enfrentar os privilégios dos aristocratas franceses.

O governo francês gastava mais do que arrecadava. Para sanar o déficit, aumentavam-se os impostos. Essa situação não nos parece familiar? Fato é que o peso sobre as costas das camadas populares crescia vertiginosamente. Os empregos diminuíam a olhos vistos, enquanto aumentavam os impostos e os privilégios do rei e dos nobres.

O confronto tornou-se inevitável. Em 14 de julho de 1789, o povo tomou as ruas de Paris e derrubou a Bastilha,[2] símbolo do poder e da monarquia absolutista. No entanto, a Revolução Francesa só assentaria dez anos mais tarde, no golpe de 18 do Brumário, com o general Napoleão Bonaparte. Seus admiradores mostravam-se patriotas, representantes legítimos da nação e os únicos realmente interessados em defender as cores francesas. Ao vencer os exércitos ítalo-austríacos com sucessivas vitórias, Napoleão consolidou-se como herói nacional. No auge da crise, a Assembleia do Diretório foi desmantelada com o apoio do exército e em seu lugar instaurou-se o Consulado, tendo Napoleão como seu primeiro-cônsul.[3]

Houve, então, uma convergência de interesses de burguesia, povo, exército e todos os descontentes com a profunda desigualdade social que permeava a sociedade francesa. Mais do que isso: todos esses vetores tinham agora seu grande herói (não deve soar estranha aos nossos ouvidos a disputa pelas cores da pátria, assim como a procura de um grande herói, um salvador da pátria). Liderados pela burguesia emergente consolidada em solo francês, impôs-se a separação entre Igreja e Estado.

Por meio da Constituição Civil do Clero (1790), a burguesia, desconfiada dos religiosos do palácio, obrigou todo clérigo a jurar obediência ao Estado. Até que, um ano depois, foi promulgada a Constituição e, no ano seguinte, instaurou-se a Primeira República Francesa, que inaugurou uma nova era dos governos republicanos na "velha Europa". Os acontecimentos da França garantiram a aplicação dos ideais liberais de liberdade individual.

Não faltam críticos contemporâneos à Revolução Francesa, sobretudo no que se refere ao desenrolar violento que a sucedeu. Entre eles, destaca-se o filósofo irlandês Edmund Burke.[4] Para Burke, além da brutal violência com que se desenrolou, a Revolução rompeu de maneira severa com a tradição e os antigos costumes. Diferentemente de Rousseau, com sua visão idealizada da natureza humana, Burke mantinha a visão cristã dessa mesma natureza e uma perspectiva política bastante conservadora. Esse viés de Burke é considerado referência canônica do pensamento conservador moderno. "No sentido inverso ao da revolução, a conservação das instituições, por meio da prudência e em nome da ordem, foi o cerne do moderno pensamento político conservador".[5]

A separação entre Estado e religião, imposta pela pauta revolucionária, levou tanto os religiosos a buscar espaço do lado

RICARDO BITUN

de fora do palácio quanto a um interminável desmame das antigas benesses até então oferecidas pelo governo.[6] Mais uma vez, recorremos à sabedoria popular ao concordar que a última parte do homem a se converter não é o bolso, mas, sim, o fascínio pelo poder.

Essa separação possibilitou, ainda que de modo muito lento, a mobilidade social. Os estamentos afrouxaram, o que permitiu que os indivíduos mudassem de status social. A burguesia poderia ascender socialmente, atingindo patamares que a levariam à consolidação de seu projeto de poder. Para alguns, a Revolução Francesa abriu definitivamente as portas para a modernidade. A separação entre religião e Estado traz a racionalidade para o centro, selando uma nova era da humanidade. O doutor em Teologia Dogmática Edvilson de Godoy resume:

> A modernidade colocou a razão no centro da vida e do mundo. Alimentada pelos ideais de liberdade e subjetividade das grandes revoluções europeias (Revolução Francesa e Iluminismo), a comunidade científica enfatizou sobremaneira a dimensão racional da existência humana em detrimento da dimensão simbólica (religiosa) da vida.[7]

Segundo o historiador britânico Eric Hobsbawm, tanto o liberalismo quanto a revolução social; tanto a burguesia quanto, potencialmente, o proletariado; tanto a democracia (em qualquer de suas versões) quanto a ditadura encontram seus ancestrais na extraordinária década que começou com a convocação dos Estados-Gerais, a Tomada da Bastilha e a Declaração dos Direitos do Homem e do Cidadão.[8]

CAPÍTULO 07

O crescimento e a ascensão dos evangélicos no campo político

Aqui, portanto, está o primeiro ponto para aprofundarmos nosso entendimento. A difícil, porém necessária, questão da separação entre Igreja e Estado parece dar fortes indícios de que, no Brasil, ainda não foi totalmente resolvida. Em nossos dias, a suposta "laicização do Estado" é uma questão que ressurge — ou que talvez nunca tenha ido embora — com o crescimento dos evangélicos e sua ascensão à esfera pública.

Não só a questão da separação, mas, também, o crescimento da participação de evangélicos na política nacional e as controvérsias que ela gera têm engrossado a polarização entre seus diversos segmentos. Há os evangélicos que apoiam a aproximação radical entre o templo e o palácio, enquanto outros se mantêm convictos quanto a um total distanciamento.

Cabe lembrar que o cristianismo primitivo iniciou sua caminhada à margem do poder político e, inclusive, foi perseguido por quem detinha o poder, o Império Romano. Apenas a partir do século 4, com Constantino, Império e Igreja passaram a comungar do mesmo poder, o que se estendeu por toda a Idade Média. Com a perda da hegemonia do Império, a Igreja tornou-se a responsável por formular as teorias teológico-políticas de poder, isto é, do vínculo interno entre religião e política.[9]

Mesmo antes da Revolução Francesa, porém, a Reforma Protestante do século 16 fez uma dura crítica à Igreja e à nobreza por sua ambição e sua luxúria exacerbadas e pela exploração e opressão que impunham aos pobres. Dentre as várias bandeiras levantadas pela Reforma, a separação entre Igreja e Estado mereceu destaque. A chamada Reforma Radical (dos anabatistas, entre outros) propôs um retorno às origens do cristianismo primitivo, o que insistia na total separação entre Igreja e Estado.[10]

Muitos e muitos anos após a Revolução Francesa, esse movimento de separação continua apresentando avanços e retrocessos durante a história contemporânea, em especial no Brasil, com a volta (ou talvez a persistência) da religião em buscar um espaço cada vez maior no cenário político. Os evangélicos, em particular, expuseram suas fissuras internas nessa corrida ao poder. Alguns mais entusiastas ou ingênuos bradavam que a saída para o nosso país viria quando, finalmente, elegêssemos governantes evangélicos na esfera federal.

Voltando à metáfora que propusemos anteriormente, vislumbramos as "bandas" evangélicas compondo "sambas" diferentes para embalar a festa no palácio. Não demorou e estatísticas tornaram-se arma de barganha no tocante ao prestígio social e ao alcance de patamares mais elevados rumo ao poder. A aproximação com os atores políticos tem fascinado alguns, que rapidamente se permitiram tocar apenas aquilo que agrada aos ouvidos do palácio. Como bem resume o historiador Paul Freston:

> A comunidade evangélica torna-se cada vez mais um mercado atraente e um trampolim político; por isso os absurdos que serão cometidos em nosso nome apenas começaram [...] o grande desafio de hoje é o desafio ético. [...] Uma comunidade que sai do apoliticismo para a política sem passar por ensino sobre ética bíblico-política será muito sensível à cultura política. A classe política evangélica é muito parecida com a classe política em geral.[11]

CAPÍTULO07

Acrescentamos o fato de que a cultura política mencionada costuma confundir o poder com uma pessoa e não um sistema. Com isso, acaba depositando sua esperança em um herói do tipo messiânico. A tendência é buscar na figura desse suposto "herói" a solução de todos os problemas sociais negligenciados durante a história do país. Isso, ressalte-se, contraria o conceito reformado protestante de pecadores controlando-se uns aos outros num sistema de fiscalização mútua.

Essa vertente do evangelicalismo brasileiro, distante dos princípios da Reforma Protestante, aparece com uma nova forma de aproximação do Estado, chamada por Freston de "corporativismo eleitoral evangélico". Ele o define como "a prática de várias denominações evangélicas [...] de apresentarem candidatos 'oficiais' em eleições e em convencer boa parte dos seus membros a votarem nesses candidatos, elegendo-os deputados federais, deputados estaduais e vereadores".[12]

Em paralelo a esse corporativismo eleitoral evangélico, vemos uma volta à antiga polarização filosófico-ideológica entre conservadores e progressistas. As raízes do conservadorismo na Revolução Francesa, apoiadas nas severas críticas de Burke, emergem como a "principal resultante de diferentes forças políticas atuais da crise brasileira, isto é, o vetor que tem apontado a direção e o sentido do processo social em curso".[13] Essa onda encontra, em mares nacionais, assento nos setores religiosos, militares e tradicionais, para continuar firme rumo a uma pauta antiprogressista, relacionada a denúncias de corrupção e abuso de poder.

Teríamos muito a discorrer acerca dos incontáveis desdobramentos que o crescimento e a ascensão dos evangélicos no campo político trouxeram, e ainda trarão, bem como acerca dos encontros e desencontros com o Estado desse complexo mundo evangélico. Porém, seria uma tarefa impossível de ser realizada neste capítulo, dado o volume de trabalhos acadêmicos e jornalísticos que têm tratado do assunto. Portanto, optamos por nos limitar apenas a trazer algumas sugestões como matéria-prima em favor de um bom e pacífico diálogo.

Conselhos para restabelecer o diálogo entre as bandas de cá e de lá

Devemos tomar especial cuidado com uma sociedade que tem sido encharcada por uma torrencial tempestade de religiosidade. A consequência desse fenômeno é o desejo enorme de preencher lacunas com outra coisa que não o relacionamento com Deus. Assim, gostaria de elencar conselhos evangélicos (isto é, vindos dos Evangelhos) como possíveis caminhos para que as bandas de cá e de lá consigam encontrar um compasso único que se harmonize à partitura cristã.

O primeiro conselho é que não podemos jamais nos esquecer de que, acima da política, existe uma agenda do Reino de Deus, estabelecida pelo Deus desse Reino. Há um Salvador que reina. Não temos "redentores". Temos um Redentor e somente um. Em um país que tem sido pródigo na formação de movimentos messiânicos,[14] devemos rejeitar sistematicamente a ideia de messias terrenos advindos de qualquer espectro do cenário político-ideológico (da esquerda à direita) que supostamente farão o "milagre" político de elevar o Brasil à "cabeça das nações".

O segundo conselho é, de certa forma, quase que uma consequência do primeiro. Não devemos eleger nenhum "messias terreno" (e, junto com ele, o seu reino) de nenhum polo do espectro político-ideológico, pois, toda vez que fazemos isso, traçamos um risco no chão e, inevitavelmente, criamos uma divisão entre os da banda de lá e os da banda de cá. Criamos uma divisão entre "nós" e "eles", segundo a qual "nós" somos do bem e "eles" são do mal. O cerne do problema é que, ao fazermos isso, forçamos Cristo a tomar posição nessa batalha político-ideológica. Torcemos o braço da religião, para que aja em "nosso" favor e mostre quão enganados e iludidos "eles" estão.

O terceiro conselho, decorrente dos dois primeiros, é que, se optamos por "messias terrenos" de qualquer linha político-ideológica, criamos e posicionamos o "nosso" reino contra o reino "deles". Com isso, idealizamos uma batalha espiritual entre nós, demonizando tudo o que vem da banda de lá e sacralizando tudo o que é da banda de cá. É incrível a facilidade com que fazemos uso de versículos bíblicos e do nome de Deus a fim de obrigar a verdade a ficar do nosso lado! Empurramos o "outro" para o inferno a fim de que nosso céu se consolide.

Quando isso ocorre, o grande problema é que, depois que entramos nesse campo, dificilmente conseguimos sair, pois só descansaremos após derrotar o "mal" instalado em nossa nação por "eles". Não há acordo. Torna-se um diálogo entre surdos. Ninguém ouve ninguém. Cada lado toca o seu samba, o que faz com que todos ouçam de forma distorcida tanto a própria música quanto a do outro. Ninguém escuta direito ninguém e isso abre um flanco enorme, que fragiliza tudo e todos.

O último conselho é no sentido de tomarmos cuidado com a instrumentalização do poder. Na história da Igreja, na maioria das vezes em que a religião tomou de sobressalto o poder, as consequências foram desastrosas. A Reforma Protestante nos ensinou que a separação entre Igreja e Estado se impõe como agenda obrigatória e salutar. O templo tem por obrigação influenciar de forma crítica e positiva o palácio.

Como afirmava João Calvino, a Igreja deve ser a consciência do Estado e não sua parceira de poder. A voz profética deve ser ouvida na sociedade, ainda que o palácio não lhe dê ouvidos.

Rogo a Deus que não venhamos a ser contados entre aqueles que cresceram e aprenderam a amar o presente século diante das disputas pelo poder temporal-ideológico de nossa nação. Infelizmente, alguns dentre o povo de Deus cederam ao desejo de tomar de assalto o Estado e as benesses que ele oferece e, com isso, deixaram de lado o poder atemporal. Um dos principais resultados desse mal é a polarização que assolou não só o país, mas a igreja brasileira. O resultado: mais e mais divisões entre o povo de Deus.

Que o Senhor nos ajude a tocar única e exclusivamente na sua banda — ainda que, para isso, tenhamos de destoar de outras bandas, tanto de cá quanto de lá.

Ricardo Bitun
Pastor da Igreja Manaim, em São Paulo (SP). Graduado em Teologia pelo Seminário Bíblico de São Paulo e em Ciências Sociais pela Universidade São Marcos, é mestre em Ciências da Religião pela Universidade Metodista de São Paulo e doutor em Ciências Sociais pela Pontifícia Universidade Católica de São Paulo. Foi coordenador do curso de Teologia e atualmente é professor colaborador no Programa de Pós-graduação em Educação, Arte, História da Cultura da Universidade Presbiteriana Mackenzie.

FÉ, ESPERANÇA E AMOR

As duas cidades

LEANDRO BACHEGA

Religião e política sempre andaram juntas. A história é rica em exemplos. No período da realeza micênica, o rei grego reunia as funções de chefe de Estado e de sacerdote religioso,[1] e na própria história de Israel o reino se funde com o judaísmo em si. Religião e política também estavam presentes na crença de que líderes políticos — como os imperadores romanos ou os faraós — eram deuses, bem como no direito divino dos reis, durante a Idade Média, objeto de constante conflito entre os reinos europeus e o papa em torno de poderes e interesses.

Na Era Moderna,[2] no entanto, identifica-se um novo fenô-meno: não o encontro milenar entre fé e política, mas a gênese de um movimento em que a fé é direcionada para a política. O Renascimento surge na Europa do século 13 e questiona os va-lores religiosos cristãos, buscando inspiração no período greco--romano — tanto nas artes quanto no pensamento — e incen-tivando a pesquisa científica. Sua principal característica era a mudança de uma perspectiva teocêntrica (Deus como o centro de todas as coisas) para outra, marcadamente antropocêntrica (o homem passa a ser a medida e o centro de seu mundo). En-quanto isso, os filósofos passaram a acreditar que, se as ciências naturais poderiam explicar completamente o funcionamento do mundo físico (conforme o impacto da obra de Isaac Newton), também eles poderiam encontrar verdades e doutrinas políticas capazes de explicar e ordenar perfeitamente a sociedade.

Diferentemente das culturas antigas, que desejavam segu-rança nesta vida, mas ansiavam — cada uma à sua maneira — por uma salvação futura, após a morte, prometida pela religião, os modernos passaram a esperar uma salvação *nunc et hoc*, ou seja, por meio da formação de um Estado político perfeito, que fosse capaz de chegar à obtenção de uma paz perfeita neste mundo. Especialmente na França do século 18, à medida que aumentava a fúria contra a religião e a monarquia, intensifica-vam-se as expectativas de um Estado livre das influências cris-tãs que haviam predominado na Europa nos mil e quinhentos anos anteriores. É famosa a frase de Jean Meslier (ele próprio, um clérigo), que propunha o "estrangulamento do último rei com as tripas do último padre". Ela ilustra bem o pensamen-to dos filósofos franceses do período do Iluminismo. Para os

CAPÍTULO 08

iluministas, era necessário livrar-se do regime opressor e de seu cúmplice, a igreja. Embora Roma de fato apoiasse o rei Luís 16, ela representava aos *philosophes*[3] uma espécie de rival da Razão[4] (sua principal guia para a construção de um novo mundo), uma vez que a igreja era vista como responsável pela manutenção da superstição e do engano.

O resultado político imediato do Iluminismo foi a Revolução Francesa, seguida por um período de terror, a condenação do rei à morte e o confisco dos bens da igreja, tudo orquestrado por quem acreditava que a formação de um Estado ideal exigia alguns ajustes. Foram vistos na experiência real francesa exageros semelhantes que até então eram encontrados somente na literatura (Ésquilo nos conta que, para dar continuidade à Guerra de Troia, o rei grego Agamenon sacrificou sua própria filha a Ártemis; Macbeth, crendo na palavra das bruxas, cometeu regicídio para ficar com o trono da Escócia).[5]

Durante esse período, diversos adversários do regime de Robespierre foram mortos em nome da ideologia do Estado perfeito, pondo em prática algo que Isaiah Berlin chamava de "cama de Procusto",[6] ou seja, a tese de que, quando o indivíduo não se adéqua à forma política ideal proposta, ele deve ser eliminado.

Aqui já se notam as primeiras características do que Michael Oakeshott denominou de "a política da fé": a busca por perfeição humana e política neste mundo, cabendo ao Estado tanto o poder quanto o dever de proporcionar tal perfeição e cabendo ao cidadão a submissão total a esse Leviatã (que proíbe e pune dissensões). Somado a isso, o individualismo dos modernos, a princípio um sinal de liberdade (Constant), descambou para o egoísmo e o isolamento, em um tempo marcado pela ascensão do domínio econômico sobre todas as esferas da vida. E, ao permitir que a agenda do *saeculum* seja a sua, também na igreja é possível encontrar aqueles que militam por seu Estado ideal, nesses tempos de populismo.

Desvios do Caminho

As relações entre igreja e Estado são complexas e merecem o devido tratamento no tocante à história de suas interações. Nossa intenção, no entanto, é fazer uma leitura da situação política de nossos dias à luz do pensamento de Agostinho de Hipona, tendo-o como base filosófico-teológica para estabelecer conceitos que possam nos ajudar a propor princípios capazes de nos guiar minimamente em tempos conturbados.

Em nosso contexto atual, o cristão, outrora isolado *no* e *do* mundo, conforme afirma Max Weber, foi assimilado pelo espírito do tempo e, hoje, não passa de um homem médio, comum, sujeito às (in)certezas e *fake news* que assolam a inteligência e o poder de juízo e, por isso, encontra-se ora engajado, ora crítico dos rumos políticos de seu país e do mundo.

Por exemplo, nas eleições de 2018, no Brasil, à medida que a divisão política ganhava corpo, todos os setores da sociedade engrossavam as fileiras de uma polarização cada vez mais acentuada. Na igreja não foi diferente. Não raro, principalmente nas redes sociais, líderes, *influencers* e cristãos comuns, de ambos os lados dessa polarização, defendiam suas opiniões com ênfase pronunciada e, muitas vezes, até demasiada. Sequer cogitavam estarem colocando em risco o testemunho cristão, pois acreditavam piamente — certos de sua santa indignação — estarem agindo de forma justamente contrária, ou seja, como arautos da verdade e da justiça divinas.

Vemos, assim, que, por causa da política, também a igreja se divide e se polariza. Isso ocorre porque as categorias de interpretação que lhe foram dadas a impedem de perceber que a esperança dirigida à cidade dos homens está fadada ao fracasso, se não material, ao menos espiritual. À medida que os interesses se estreitam ao imediato, estreita-se também a visão espiritual, nos sentidos humanista e teológico.

Esse desvio do *Caminho* pode ter duas causas, bastante relacionadas entre si. A primeira parece ter sido a adoção, senão de um conteúdo, pelo menos de uma forma utópica de pensamento para lidar com as questões políticas. Essa forma de pensamento troca a expectativa futura de salvação por uma salvação presente, terrena, conquistada por meio da militância — quer de esquerda, quer de direita, quer democrática, quer não. Seus adeptos ignoram a máxima weberiana de que:

> Quem pretende se dedicar à política [...] precisa estar ciente desses paradoxos éticos e de sua responsabilidade para com aquilo em que poderá transformar-se sob pressão desses paradoxos. Esse alguém envolve-se, repito, com poderes diabólicos que estão à espreita em qualquer uso da força. Os grandes virtuoses do amor e do bem acosmísticos, provenientes de Nazaré, de Assis ou de palácios reais indianos, não trabalharam com o recurso político do uso da força; seu reino "não era deste mundo" [...]. Quem busca a salvação de sua alma e o resgate da alma de outrem busca-os não pela via política.[7]

Por esse motivo, o exagero verificado no engajamento de cristãos em questões políticas é de causar espécie. "A Igreja é a cidade de Deus *em* devir, radicalmente imperfeita, e por isso seu confim com a cidade dos homens é por definição sempre *transgredível.*" Contudo, "quando isso acontece, a Igreja corre risco extremo: confundir-se com a cidade dos homens e seus arcontes, chegando até a 'politizar' a ideia do Reino".[8] Nesse afã, acaba por denunciar o abandono de Deus, em troca de um deus político (1Sm 8.6-8). Por isso, a militância política apaixonada deverá sempre ser vista com muitas reservas.

D. A. Carson lembra aos cristãos que vivem em democracias, por exemplo, o fato de estarem em um contexto político completamente diferente do período do Novo Testamento e que, não obstante "isso possa melhorar nossa atitude de participação, não há dúvida de que também aumenta a possibilidade de sermos levados a confundir o reino de Deus com nosso próprio governo ou partido".[9]

Com isso não se espera que o cristão adote uma postura completamente ascética em relação às questões políticas, isolando-se das deliberações da cidade dos homens. De acordo com James K. A. Smith, "é crucial cultivar uma suspeita sadia e uma distância tática em relação às maquinações do Estado e às litanias de nossas instituições públicas (as quais, é bom que se diga logo, são diferentes de uma postura de não participação e de distanciamento)".[10]

Agostinho se correspondeu por carta com cristãos que desempenhavam funções públicas e, a despeito disso, buscavam a orientação do bispo. Uma delas é dirigida a Bonifácio, governador da África sob o comando de Roma, no ano 418.

CAPÍTULO 08

O bispo de Hipona, após uma série de exortações pastorais, orienta Bonifácio a buscar a paz como resultado da guerra[11] (e não a violência, a pilhagem, a vingança), a ser misericordioso com os cativos, a não lamentar as perdas materiais trazidas pelo conflito e, acima de tudo, a manter a fé. Ao final, Agostinho pede que Bonifácio avalie a própria vida, com base na carta e nas Escrituras, e lhe dá um aviso: "Mas não importa quanto você avance no amor a Deus e ao próximo, e em verdadeira piedade, não imagine que, enquanto estiver vivo, esteja sem pecado".[12]

A segunda causa desse desvio do *Caminho* surge quando, ao adotar a utopia, ou ao se *conformar* a este mundo, a igreja deixa de usar a *profecia* como discurso primeiro — aqui entendida tanto como exortação ao arrependimento e denúncia da injustiça quanto como o anúncio do fim vindouro, do Dia do Juízo, ou seja, como expectativa transcendente que pauta e justifica a instituição e a existência da Igreja. A profundidade prática da afirmação de Cristo de que seu Reino não é deste mundo (Jo 18.36) anuncia à Igreja sua condição de peregrina na terra, não vinculada a reinos e autoridades, mas que exerce um ministério pastoral e evangélico que lhe é próprio.

Conforme Giorgio Agamben: "A exigência escatológica, abandonada da Igreja, retorna em forma secularizada e paródica nos saberes profanos, que, redescobrindo o gesto obsoleto do profeta, anunciam em todos os âmbitos catástrofes irreversíveis."[13] Nesse caso, a ciência, na qualidade de outra substituta da fé (além da política), é quem proclama o apocalipse, à sua maneira, por meio de cientistas e ecologistas.

Vê-se um dos sinais da cegueira espiritual da igreja no abandono de sua pregação escatológica. É estranho perceber que, em muitos casos, sua exortação atual não propõe o *Reino* vindouro, mas exige o endireitamento do reino humano – uma espécie de utopia pelagiana[14] —, subordinando-o a alguma leitura da moralidade cristã, geralmente adaptada à sua coloração política.

Duas maneiras de repetir erros

Se é verdade que quem não conhece seu passado está condenado a repeti-lo, a igreja sucumbe a essa máxima pelo menos de duas maneiras: ao tratar de forma rasa os princípios da própria Escritura (visto que sua leitura política do texto sagrado raramente alça voos acima do clichê e do lugar-comum) e ao ignorar a distinção agostiniana (como base da tradição no pensamento político cristão[15]) entre a cidade dos homens, que nasce "do amor de si até ao desprezo de Deus", e a cidade de Deus, que surge pelo "amor de Deus e [...] desprezo de si".[16]

Não bastasse a dicotomia cidadã de Agostinho em relação à fidelidade do homem (se a Deus ou ao próprio homem), encontramos no bispo de Hipona um marcante pessimismo em relação à natureza humana, que o impede de depositar suas esperanças no Império Romano, nos bárbaros invasores ou em qualquer outra instituição estabelecida por homens. Àqueles destituídos de *graça* só resta a escuridão.

Para Agostinho, toda expectativa da igreja deveria estar dirigida a Deus, às suas leis eternas. Ele afirma com clareza que, neste mundo, os cristãos jamais encontrarão a *beata vita*, ou seja, a vida feliz: "Nosso coração é inquieto até repousar em ti."[17] Os crentes peregrinam (como estrangeiros, e não residentes[18]) na cidade dos homens, ansiando descansar na cidade de Deus.

Segundo Agamben, é a crença no Juízo e na instauração do Reino (as coisas últimas) que dá sentido aos cristãos em sua vida na terra (as coisas penúltimas): vivendo em meio ao *já* e ao *ainda não* da vida cristã, a igreja anuncia as leis de sua cidadania celestial (Mt 20.26) e, naturalmente, busca dar testemunho de boa cidadania, como no exemplo do profeta Daniel ou no conselho de Jeremias ao povo exilado (Jr 29) para que trabalhasse em favor da Babilônia — que o havia levado para o cativeiro.

Os apóstolos também trazem uma breve descrição de como a igreja deveria agir diante das autoridades políticas de seu tempo (Rm 13; 1Pe 2.13-14), sugerindo respeito e obediência a elas; do mesmo modo, quando a igreja está em um país democrático, pode, por essa via, fomentar a prosperidade da sociedade. Nesse sentido, as figuras de Francisco de Assis e John Wesley[19] se destacam como exemplos proféticos, descolados de suas igrejas *conformadas*, trabalhando em meio ao povo e anunciando os princípios da fé em busca de uma vida eclesiástica autêntica enquanto levam uma vida comum.

Primazia da pessoa sobre o posicionamento político

Seria precioso que os cristãos levassem em conta, em meio a uma discussão política, a primazia da pessoa sobre o posicionamento político: aquele que pensa diferente de mim não carrega consigo a imagem de César, mas, sim, a de Deus, e eventuais discórdias deveriam ser relevadas em nome do amor que caracteriza a Igreja (1Jo 1.10-11).

É também sinal de maturidade a suspensão da discórdia em prol da resolução de problemas comuns a todos e da atenção a questões mais prementes do que predileções políticas

(Tg 2.15-17). Enfim, é preciso ter empatia com o outro, pôr-se no lugar dele e procurar entender suas razões.

Quando caminha em direção à Cidade Celestial, o Peregrino[20] de John Bunyan acaba passando pela Feira das Vaidades, onde os demônios tentam os viajantes. O próprio Cristo passou por lá e foi tentado e, agora, Cristão e Fiel são presos, torturados e apresentados como exemplo a quem evita comprar dos produtos vendidos na feira.

De semelhante modo, no julgamento de Cristo, antes de açoitá-lo, "Herodes e Pilatos, que até ali eram inimigos, naquele dia tornaram-se amigos" (Lc 23.12): Jesus guarda silêncio diante de ambos, pois suas palavras não corresponderiam às expectativas do poder terreno. Já os fariseus, acusando-o de incitar uma revolução contra o poder de Roma, optam pelo revolucionário Barrabás. Nada de novo debaixo do sol: os fariseus de hoje continuam a escolher a revolução; ainda escolhem Barrabás.

Vaidade das vaidades, tudo é vaidade. Tudo é vazio. Tudo o que não é eterno é eternamente inútil. Mais do que nunca, em vez de os cristãos se polarizarem e se digladiarem, precisam orar e vigiar.

Leandro Bachega

Doutorando em Filosofia pela Universidade de São Paulo (USP); mestre em Filosofia pela Pontifícia Universidade Católica (PUC-SP) e licenciado em Filosofia pela Faculdade de São Bento (SP). Membro do grupo de Filosofia Patrística, Medieval Latina e Árabe da PUC-SP. Coordenador do grupo Isaiah Berlin – Pluralismo & Liberdade pelo Laboratório de Política, Comportamento e Mídia — LABÔ.

NATURE

O DOM DA AMIZADE E OS EMBATES ENTRE IRMÃOS

TOMÁS CAMBA

Em meio ao fenômeno da polarização social, grande parte dos cristãos têm demonstrado um apreço incomum por conceitos que fogem do ideal de comunhão apresentado nas Escrituras — e o ameaçam. Como discípulos de Jesus, nosso chamado é o de manter a paz e a unidade, o que deveria ser um dos aspectos distintivos pelo qual o mundo nos conhece. No entanto, está cada vez mais difícil encontrar uma igreja que viva e conviva em harmonia, promovendo paz com todos.

TOMÁS CAMBA

Ao que parece, grande parte daquela que foi chamada para ser a guardiã da paz está sucumbindo aos ideais deste mundo maligno, o que nos leva a concluir que os rincões do cristianismo que abraçaram a desunião e o conflito necessitam, urgentemente, voltar-se para o Salvador. Neste ponto, faço coro com Dietrich Bonhoeffer:

> Sem Cristo há inimizade entre as pessoas e entre elas e Deus. Cristo tornou-se o mediador e trouxe a paz com Deus e entre as pessoas. Sem Cristo não conheceríamos Deus, não poderíamos invocá-lo nem vir a ele. Sem Cristo também não conheceríamos o irmão nem poderíamos encontrá-lo. O caminho está bloqueado pelo próprio eu. Cristo desobstruiu o caminho que leva a Deus e ao irmão. Agora os cristãos podem viver em paz uns com os outros, podem amar e servir uns aos outros, podem se tornar um. Contudo, também, de agora em diante, só poderão fazê-lo por meio de Jesus Cristo. Apenas em Jesus nós somos um, apenas por meio dele estamos unidos. Ele permanece o único mediador até a eternidade. [1]

Cristo é o nosso elo perfeito. Somente por ele e por meio dele somos capazes de conviver uns com os outros. Quando a amizade entre irmãos é ofuscada por polarizações ideológicas, é sinal de que o evangelho da unidade e da paz foi posto de lado e seu lugar foi tomado por ideias estranhas a Cristo.

Uma imagem cabível nesse contexto e que nos ajudaria a explicar esse desvio seria a pintura do espanhol Francisco Goya conhecida como *O sono da razão produz monstros*.[2] Nela, o artista retrata as brigas ideológicas de seu tempo como fruto

CAPÍTULO 09

de uma razão adormecida; ou seja, a falta de reflexão sobre a realidade produz monstruosidades. Parece-me que estamos migrando nessa mesma direção, retratada de modo profético pelo pintor espanhol. Temos sido levados por um vento de doutrinas que inibe e põe em xeque o nome de Cristo na arena pública.

Com pesar, podemos conjecturar que muitos líderes cristãos estão com a razão adormecida, e esse sono da razão tem produzido igrejas apáticas em relação à reflexão bíblica e à lida com a realidade à sua volta. Com efeito, o sono da razão tem produzido um falso conceito de comunidade.

Para aqueles cuja razão permanece em estado sonolento, falar em comunhão e unidade configura sacrilégio. É necessário despertarmos a razão desse estado de sonolência, pois ele tem gerado desnutrição espiritual e falta de unidade, paz e comunhão.

Como africano que vive no Brasil, uma das crises que enfrentei no começo da minha jornada no país foi a ausência da comunhão verdadeira entre os irmãos. Aparentemente, a vida agitada de São Paulo é um dos principais refúgios para que as pessoas não desenvolvam amizades que gerem o fortalecimento espiritual. Enquanto escrevo estas palavras, encontro-me em pleno estado de saudosismo, pois me vêm à memória os tempos da minha adolescência e juventude em Angola, quando passávamos horas a fio dialogando entre irmãos e estudando a Palavra — tempo importantíssimo para meu crescimento espiritual.

Parece que nossa razão adormecida se encontra mais atenta a questões que nada têm a ver com Cristo. Estamos mais despertos para nós mesmos e nossas paixões do que para Cristo e para o entendimento do verdadeiro motivo pelo qual ele nos chamou. Não é à toa que Paulo conclama: "Desperta, ó tu que

145

dormes, levanta-te dentre os mortos e Cristo resplandecerá sobre ti." (Ef 5.14). O sono da razão produz monstros, enquanto o sono da comunhão e da unidade produz morte. Mas o despertar desse sono produz vida e paz em abundância.

O dom da amizade

Se existe um dom que precisa ser cada vez mais valorizado e recuperado é o da amizade. Ouso chamá-lo de dom por crer que a amizade verdadeira só é possível como algo que flui da fonte do Eterno. Ela pode ser encontrada em toda a humanidade, como resultado daquilo que chamamos de graça comum.

Crentes em Cristo deveriam transbordar esse dom, pois, sem amizades verdadeiras, a comunidade que representa Cristo na terra torna-se vazia e desprovida de autoridade para propor transformações culturais e sociais. Uma igreja que vive contendendo consigo mesma por causa de políticos de estimação seria a mais pura representação de uma comunidade vazia de Cristo e cheia de pressupostos humanos. Como diria o poeta T. S. Eliot: "são formas sem corpo, sombras sem cor".[3]

É preocupante perceber que as igrejas estão se tornando cada vez mais formas sem corpo. Se concebermos a igreja como corpo de Cristo que se reúne para adorar e glorificar o Deus eterno, será fácil avaliar o fracasso evidente no que se refere à comunhão entre irmãos. Como haverá corpo se não há unidade nem paz? Não há como ser Igreja se não obedecemos ao mandamento de Cristo:

> Minha oração não é apenas por eles. Rogo também por aqueles que crerão em mim, por meio da mensagem deles, para que todos

CAPÍTULO 09

sejam um, Pai, como tu estás em mim e eu em ti. Que eles também estejam em nós, para que o mundo creia que tu me enviaste. Dei-lhes a glória que me deste, para que eles sejam um, assim como nós somos um: eu neles e tu em mim. Que eles sejam levados à plena unidade, para que o mundo saiba que tu me enviaste, e os amaste como igualmente me amaste. JOÃO 17.20-23

O clamor de Cristo para sua Igreja é claro e cristalino: a unidade é a marca da fé em Cristo; é demonstrativo do nosso elo com a Trindade; é o carimbo do amor de Deus por nós; é o lembrete de que o Pai nos ama de modo incondicional, assim como ama o Filho. Acreditar que podemos viver o evangelho sem amizades espirituais e sem a paz que permite a unidade é crer que podemos de fato construir uma comunidade de paz e harmonia sem que Cristo e a Palavra façam parte dela. Isso nada mais é do que dar ouvidos à velha serpente, que vive mentindo desde o princípio.

O texto das Escrituras é claro: sem que vivamos o dom da amizade e a unidade, o mundo não saberá quem somos, muito menos conhecerá a verdade a respeito daquele que nos enviou. Ora, o fracasso da evangelização em nosso tempo é, em parte, por nossa culpa, pois não sabemos sinalizar o verdadeiro significado do Reino. E, se isso é de fato verdade, precisamos com urgência voltar para Cristo e conhecê-lo verdadeiramente, a ponto de morrermos por e para ele, e não por nossos ideais políticos — que, na maior parte, constituem idolatria.

Escrevendo sobre o poder do hábito, James K. A. Smith afirma que "somos aquilo que amamos, e o amor é um hábito".[4] Para o teólogo canadense, o discipulado é uma reformulação dos hábitos de nossos amores. Valendo-me de sua elucidação a respeito de como nos tornamos ou somos transformados à semelhança daquilo que amamos, proponho que entendamos o dom da amizade como algo baseado no amor de Cristo — que nos amou primeiro, a despeito de qualquer coisa que tenhamos feito. Logo, a amizade verdadeira tem como princípio despertar o senso do verdadeiro amor que habita em nós, fazendo da Trindade o maior modelo e exemplo de amizade real. Em outras palavras, se amamos Deus com amor verdadeiro e não fingido, esse amor nos transforma a ponto de o rosto de Deus ser visível por meio dos atos de amizade manifestos na comunidade. A amizade cristã deve orientar nossos desejos a Deus e àquilo que ele deseja para sua criação.

É no ato de nos relacionarmos com os outros que demonstramos nossa real identidade. Cristo, ao se relacionar com a humanidade, selou de uma vez por todas a dúvida que poderíamos ter sobre um Deus amoroso, que convive com suas criaturas com base no amor, a ponto de chamar-nos de *amigos*. Em Cristo, a Trindade manifestou o senso de amor e amizade conosco, um amor levado às últimas consequências e que nos conclama a olhar para o outro.

O grande problema da falta de amizades em nossos dias talvez seja o gigantesco rigor com que olhamos para o outro. Nesse contexto, a amizade é um lembrete em constante contraste com o ego evoluído. Parafraseando meu irmão africano Agostinho de Hipona, eu diria que as amizades que nos orientam são como um tipo de gravidade, carregando-nos na direção em que pesam. Se nossa amizade estiver orientada para questões materiais, seu peso nos arrastará para baixo, para questões inferiores.

Quando, contudo, nossas amizades são incitadas pelo fogo renovador do Espírito, esse peso tende a nos puxar para cima, para as questões do alto.

Em outras palavras, comunidades cujas amizades se baseiam em Cristo tendem a ser mais saudáveis e mais tolerantes. Isso ocorre porque elas não são alicerçadas nos interesses dos seus membros, mas, sim, no desejo de tornar Cristo conhecido.

O dom da amizade como símbolo do sacerdócio universal

No estágio final de seu ministério, Cristo nos chama de *amigos*: "Agora vocês são meus amigos, pois eu lhes disse tudo o que o Pai me disse." (Jo 15.15). A amizade entre o Mestre e seus discípulos é o símbolo do sacerdócio universal de todos os cristãos. Antes, éramos inimigos de Deus; em Cristo, todos fomos reconciliados. Agora, podemos ter acesso a Deus; antes, como inimigos, não nos era permitido desfrutar desse glorioso relacionamento.

Em *O Senhor dos Anéis*, J. R. R. Tolkien ilustra de modo dramático como, de fato, por meio da amizade entre os personagens Sam e Frodo (o servo e seu senhor), foi possível livrar (ou, em linguagem teológica, "redimir") a fictícia Terra Média de um mal terrível. Em certo momento da jornada dos personagens rumo a seu destino, Frodo resolve prosseguir sozinho. Sam percebe o desaparecimento de seu senhor e resolve procurá-lo. Acha-o, então, em um barco, pronto para zarpar: "Estou indo, Senhor Frodo", grita ele, enquanto se atira ao rio e tenta agarrar-se ao barco. Sam, que não sabe nadar, cai dentro do rio e precisa ser resgatado. "Salva-me, Senhor Frodo! Estou me afogando!".[5] Vendo seu amigo naquela situação, Frodo o puxa para dentro do barco e a jornada prossegue, enquanto os dois discutem sobre quem vai ou não para o destino, a terra de Mordor. Frodo explica ao amigo os perigos da jornada, em um emocionante diálogo:

— Ó, Sr. Frodo, isso é duro! — disse Sam tremendo. — Isso é duro, tentar ir embora sem mim e tudo mais. Se eu não tivesse adivinhado certo, onde o senhor estaria agora?

— A caminho e a salvo.

— A salvo! — disse Sam. — Completamente sozinho sem mim para ajudá-lo? Eu não aguentaria, seria a morte para mim.

— Seria a morte para você ir comigo, Sam — disse Frodo.

— E eu não aguentaria isso.

— Não seria uma morte tão certa quanto a de ser deixado para trás — disse Sam.

— Mas estou indo para Mordor.

— Sei muito bem disso, Sr. Frodo. Claro que o senhor vai. E eu vou também.

— Agora, Sam — disse Frodo —, não me atrase! Os outros estarão de volta num minuto. Se me pegarem aqui, terei de discutir e explicar, e nunca terei a coragem ou a oportunidade de escapar. Mas preciso partir imediatamente. É o único jeito.

— Claro que é — disse Sam. — Mas não sozinho. Também vou, ou nenhum de nós vai. Vou fazer buracos em todos os barcos primeiro.

Frodo riu de verdade. Um calor e uma alegria súbitos encheram-lhe o coração.

— Deixe um inteiro! — disse ele. — Vamos precisar.[6]

Ao criar essa situação, Tolkien desejava nos mostrar que o fardo compartilhado por uma amizade de amor traz à mente

CAPÍTULO 09

o símbolo do sacerdócio universal de todos os cristãos. É a amizade entre Sam e Frodo que torna suportável a jornada e, no final, temos a Terra Média redimida, graças à amizade dessas pequenas criaturas.

Numa sociedade em que impera o individualismo, o chamado à amizade e à comunhão entre irmãos pode soar como fraco e banal. No entanto, é preciso lembrar que "Deus escolheu as coisas que o mundo considera loucura para envergonhar os sábios, assim como escolheu as coisas fracas para envergonhar os poderosos" (1Co 1.27). Ora, a amizade entre irmãos com visões político-ideológicas diferentes não deveria ser raridade no seio da cristandade. Hoje, porém, parece ter-se tornado a regra: quem discorda de mim é meu inimigo. O que estamos fazendo é nada menos do que expor Cristo novamente à vergonha. É romper o elo que Jesus restaurou com sua morte e ressurreição.

Enquanto o Mestre nos chama de *amigos*, nós ousamos nos considerar inimigos por razões de discordância ideológica e política. Com essa atitude, damos ouvidos à antiga serpente, que no Éden lançou a semente da inimizade entre Deus e a humanidade. Precisamos estar alertas, pois o mal vive e se manifesta em milhares de formas; uma delas é jogando irmão contra irmão por causa de discussões políticas. Em contraste, o amor só tem uma forma e se manifesta de apenas um jeito: Cristo! Seu fruto é paz, unidade e comunhão, virtudes que resultam em amizades verdadeiras entre aqueles que amam o Amor.

Quando Cristo ensina seus discípulos a orar, ele o faz pensando em nós. Entre os muitos ensinamentos do Pai-nosso, um deles vem da petição "livra-nos do mal" (Mt 6.13). Se o mal vive e se manifesta em milhares de formas, uma delas certamente são as pretensões políticas de domínio da humanidade sob a forma de messianismos políticos, nos quais o culto à personalidade tem invadido e substituído o culto ao Eterno. Isso tem levado as comunidades cristãs a depositar sua esperança e confiança nas palavras dessas personalidades, a ponto de se esquecerem de que a provisão verdadeira só pode vir do Senhor.

Agir com ódio com um irmão é mesquinho. É agir contra Deus e contra seus propósitos estabelecidos em nosso coração. É agir em desobediência ao chamado de Cristo de viver em unidade, para que o mundo o conheça e glorifique o Pai. Nas palavras do meu irmão e vizinho sul-africano Desmond Tutu: "A bondade não é só nosso impulso. É nossa essência."[7] Parafraseando, eu diria que a amizade não é só nosso impulso para uma sociedade justa que glorifique a Deus, é nossa essência. Em essência, fomos criados para ser amigos de Deus e daqueles que estão ao redor. Isso resume o amor a Deus e ao próximo.

O resultado da amizade e da unidade cristãs, com a consequente paz que brota desse vínculo, é uma beleza sem igual. Não é à toa que o escritor russo Dostoiévski afirmou que a beleza salvaria a humanidade. Essa beleza a que ele se refere é Cristo, aquele que nos reconcilia consigo e com Deus, removendo de nós toda sorte de podridão, cujo fétido odor de pecado nos mantinha afastados uns dos outros e do Eterno.

A amizade entre irmãos é um belo retrato da amizade entre a Trindade divina, em que Deus Pai, que não é o Deus Filho; e o Deus Filho, que não é o Deus Espírito, são um e se relacionam na base do amor. Poderia existir retrato mais belo que esse? É preciso boa dose de imaginação para conceber um quadro de tamanha grandiosidade em beleza como a Trindade.

CAPÍTULO09

Ora, toda vez que a comunidade de Cristo se unir em amizade, celebrando o Eterno, ela pintará um quadro belo e, ao apresentá-lo ao mundo, a Trindade será manifesta nele. Talvez esse seja o significado das palavras de Cristo:

> Minha oração é que todos eles sejam um, como nós somos um, como tu estás em mim, Pai, e eu estou em ti. Que eles estejam em nós, para que o mundo creia que tu me enviaste. Eu dei a eles a glória que tu me deste, para que sejam um, como nós somos um. Eu estou neles e tu estás em mim. Que eles experimentem unidade perfeita, para que todo o mundo saiba que tu me enviaste e que os amas tanto quanto me amas. JOÃO 17.21-23

Para nós, cristãos, a amizade verdadeira é como o fogo que, nas noites de inverno, aquece o coração endurecido; como o canto das aves que gorjeiam em plena manhã de verão; como o perfume de uma flor que desabrocha na manhã, aquecida pelos primeiros raios de sol, trazendo alegria e renovo. Em suma, é um quadro belo e atemporal.

Tomás Camba

Pastor na Igreja Batista do Morumbi, em São Paulo (SP), nasceu em Luanda (Angola). Teólogo (Faculdade Teológica Batista de São Paulo) e pós-graduado em Economia (Escola Austríaca — Instituto Mises Brasil), atua como professor de Filosofia no Instituto Educacional Marajoara e de Teologia e Filosofia no Seminário Betel Brasileiro. Autor da obra *Terceirização da fé*, é ensaísta no jornal *Correio da Kianda* (Angola) e editor na Editora Quitanda (Angola).

155

PROCURAM-SE CRISTÃOS COMO SYZIGOS

Um apelo à concórdia

ROBINSON GRANGEIRO

Agora, suplico a Evódia e a Síntique: tendo em vista que estão no Senhor, resolvam seu desentendimento. E peço a você, meu fiel colaborador, que ajude essas duas mulheres, pois elas trabalharam arduamente comigo na propagação das boas-novas [...]. FILIPENSES 4.2-3 oncórdia e discórdia bem que poderiam ser irmãs siamesas, porque os dois conceitos têm muito mais semelhanças que diferenças. Lá na origem, nasceram com o mesmo coração. O problema é o prefixo, que desencaminha almas até de corpos tão unidos: se ambos os termos vêm do latim *cor*, *cordis* ("coração"), "concórdia" traz o prefixo *com*, que remete a união, enquanto seu antônimo, "discórdia", conta com o prefixo *dis*, que traz o significado de separação.

Aparentemente, essa também tem sido a sina da cristandade, a face institucional da fé cristã, que, nascida de um só tronco, ramificou-se em incontáveis galhos, denominações, igrejas, grupos teológico-doutrinários e entidades paraeclesiásticas, migrando da concórdia para muitas discórdias.

Se sina fosse, deveria ser incontrolável. Mas não é. É deliberação humana, fruto da intenção de discordar, movida por vaidade e orgulho, ou, simplesmente, por ignorância sobre qual é o "vínculo da perfeição" (Cl 3.14) que une os cristãos a Cristo, assim como o corpo ao Cabeça, naquilo que os teólogos chamam de "união mística".

Fato é que, sendo a desunião, as separações, os conflitos internos e a falta de paz pecados semeados pelo ser humano no próprio coração e expressos em seus relacionamentos, certamente são passíveis de ser desarraigados, para que não frutifiquem na forma de "inimizades, porfias, ciúmes, iras, discórdias, dissensões, facções", todos frutos carnais, "a respeito dos quais [...] não herdarão o reino de Deus os que tais coisas praticam." (Gl 5.20-21).

Em um vislumbre personalíssimo — com nome, identidade e biografia —, o apóstolo Paulo trata, na Carta aos

CAPÍTULO 10

Filipenses, de duas irmãs que já tinham vivido em concórdia em prol de uma causa e de um propósito maior: o evangelho de Jesus Cristo.

Porém, ao longo do caminho, elas trocaram de prefixo e passaram a conjugar a discordância como estilo de vida, semelhantemente ao que se vê atualmente, mesmo naquela época remota, na qual não contavam com o distanciamento das redes sociais, garantidor de insensibilidade que se presta a atacar desavergonhadamente irmãos diante dos olhos do ciberespaço. Na Igreja nascente, a virtualidade ainda não era suposta salvaguarda para o dilaceramento da unidade cristã.

Evódia e Síntique viviam numa comunidade que possivelmente sofria a dor de vê-las afastadas e rancorosas, depois de admirá-las pelo serviço comum que ofereceram ao Senhor em parceria frutífera. Provavelmente, o afastamento delas entristecia e adoecia muitos, pelo partidarismo que passaram a promover. As pessoas chegadas a cada uma delas sentiam o veneno que destilavam enquanto buscavam provar o seu ponto, amealhar simpatias e ganhar a discussão — algo tão antigo quanto os grandes conflitos globais ou mesmo as discussões entre vizinhos.

Em nossos dias, há, no seio da cristandade, muitas Evódias e Síntiques, homens e mulheres que se dizem cristãos, mas agem como gladiadores da razão absoluta, assassinos do ponto de vista alheio e ideólogos pervertidos do princípio de que a única verdadeira razão "é a minha", como se fosse possível afirmar, com motivações inconfessáveis, o que só Jesus, em sua santidade e verdade, afirmou (e nem Paulo ousou fazê-lo): "quem não é por mim é contra mim" (Mt 12.30).

159

Uma igreja que nasce de relacionamentos

No início da segunda viagem missionária de Paulo, seu desejo, e o de seus companheiros Lucas, Silas e Timóteo, era desbravar para o evangelho de Cristo a região da Bítínia. Porém, a condução sobrenatural do Espírito Santo os impediu (At 16.7). Provavelmente, o ímpeto daqueles missionários era motivado pelos bons frutos de seu primeiro esforço missionário, concentrado na parte sul da Ásia Menor, onde surgiram as igrejas de Icônio, Listra, Derbe e Antioquia da Pisídia (At 14).

Porém, em certa noite, na cidade de Trôade (At 16.6-10), uma convocação sobrenatural — o famoso "passa à Macedônia e ajuda-nos" — mudou os planos de Paulo e marcou seu encontro com a cidade de Filipos, onde floresceria uma igreja na qual seriam construídos alguns dos relacionamentos mais significativos do apóstolo, a ponto de ele usar posteriormente a expressão "meus irmãos, amados e mui saudosos" para se referir aos irmãos filipenses (Fp 4.1).

Filipos tinha esse nome em homenagem a Filipe, que fortificou a velha cidade de Crenide da Trácia, localizada a quinze quilômetros da costa do mar Egeu e do porto de Neápolis, e que se tornara a capital da colônia romana da Macedônia. Sua população, originária de Trácia, Grécia e Roma, se curvava em adoração a várias deidades, como os trácios Liber Pater e sua consorte Bendis, a deusa anatolina Cybele e os deuses egípcios Ísis e Osíris, além de divindades romanas e gregas. Sua riqueza econômica provinha das minas de ouro, exploradas na era pré-macedônica, além do intenso comércio.

Essa atmosfera cosmopolita e pluralista de Filipos, bem parecida com a das grandes metrópoles do século 21, foi superada,

CAPÍTULO 10

como obstáculo à chegada do evangelho de Cristo, por meio de relacionamentos construídos por Paulo. Essa é a razão pela qual o historiador Lucas, que o acompanhava, narra de forma inédita a história da fundação da igreja, contando como três personagens foram alcançadas.

A primeira e mais importante, Lídia, é descrita como "comerciante de púrpura, temente a Deus", a quem o Senhor abriu o coração às boas-novas (At 16.14-15). Batizada em Cristo, Lídia se tornou a primeira convertida ao cristianismo na Europa e foi a anfitriã daquela que seria a comunidade cristã pioneira em solo europeu, a quem ela recebia em sua casa (At 16.15).

Não sabemos os nomes dos outros dois personagens do relato de Lucas: uma jovem adivinhadora (At 16.18) e um carcereiro (At 16.27-34). Sobre esse último é dito que, tendo sido convertido a Cristo no evento sobrenatural ocorrido na prisão, foi batizado, cuidou das feridas dos missionários e, "levando-os para a sua própria casa, lhes pôs a mesa" para a primeira refeição que teriam como novos irmãos em Cristo.

Se os fundadores de uma comunidade cristã podem marcar o *ethos* de uma igreja até certa medida, esse parece ter sido o caso de Filipos. Afinal, pelo menos dez anos depois, enquanto se encontrava em prisão domiciliar em Roma (At 28), Paulo envia uma carta com o objetivo claro de encorajar os filipenses a que, com a mesma alegria serena e pacífica que o apóstolo sentia, também se alegrassem no Senhor.[1] Paulo alegrava-se porque, apesar das circunstâncias externas de aprisionamento — uma vez que vivia dia e noite sob a vigilância da guarda pretoriana, com poucos amigos para confortá-lo e muitos inimigos desejosos de sua morte (Fp 1.15-17; 2.20-21) —, emanava de seu coração livre a certeza de que podia contar com a unidade e o apoio espiritual concreto dos irmãos macedônios, demonstrados pela oferta trazida por Epafrodito, a quem também seria dado o privilégio de ser o portador da carta de volta a Filipos (Fp 2.25-30).

Na epístola, Paulo enfatiza alguns termos que demonstram essa concórdia para a expansão do Reino de Deus, a ponto de agradecer pela "cooperação no evangelho, desde o primeiro dia até agora" (Fp 1.5), de lembrar que "todos sois participantes da graça comigo" (Fp 1.7) e de apelar: "Vivei, acima de tudo, por modo digno do evangelho de Cristo, para que, ou indo ver-vos ou estando ausente, ouça, no tocante a vós outros, que estais firmes em um só espírito, como uma só alma, lutando juntos pela fé evangélica." (Fp 1.27). A ênfase na unidade é explícita e inequívoca, e fica consignada nas expressões: "em um só... em uma só... lutando juntos".

Todavia, é no segundo capítulo que o apóstolo, argumentando, a partir do autoesvaziamento de Jesus Cristo, em favor da concórdia entre cristãos, defende mais enfaticamente a unidade cristã como a base para a alegria: "Tende em vós o mesmo sentimento que houve também em Cristo Jesus." (Fp 2.5). Ele argumenta que "se há, pois, alguma exortação em Cristo, alguma consolação de amor, alguma comunhão do Espírito, se há entranhados afetos e misericórdias" (v. 1), a sua alegria completa, em relação aos filipenses, seria vê-los com um pensamento consensual ("de modo que penseis a mesma coisa", v. 2), deveria haver uma só motivação espiritual ("tenhais o mesmo amor, sejais unidos de alma, tendo o mesmo sentimento", v. 2) e a melhor atitude deveria ser uma atitude conciliatória ("nada façais por partidarismo ou vanglória", v. 3).

O apelo de Paulo tinha por norte a mesma humildade ("considerando cada um os outros superiores a si mesmo", v. 3), empatia e altruísmo ("não tenha cada um em vista o que é propriamente seu, senão também cada qual o que é dos outros", v. 4) plenamente percebidos na encarnação de Jesus Cristo, que, "subsistindo em forma de Deus, não julgou como usurpação o ser igual a Deus; antes, a si mesmo se esvaziou, assumindo a forma de servo, tornando-se em semelhança de homens; e, reconhecido em figura humana, a si mesmo se humilhou, tornando-se obediente até à morte e morte de cruz" (v. 6-8).

Portanto, a temática da concórdia, da unidade e da paz era subjacente aos apelos de Paulo a Évodia e Síntique e ancorava-se na pessoa e na obra de Cristo, muito mais do que em eventuais ações de mera boa vizinhança cristã. Isso torna esse um *case* perfeito para mostrar a necessidade de que se levantem muitos conciliadores e pacificadores nos dias atuais.

Da concórdia à discórdia

Sobre Evódia (nome que significa "boa viagem") e Síntique ("afortunada"), pode-se afirmar com certa segurança que, na ocasião da escrita e entrega da carta, elas já eram membros da igreja de Filipos havia algum tempo, inclusive tendo sido colaboradoras do apóstolo, em uma época na qual "juntas se esforçaram" com ele no evangelho.

Encontramos esta expressão, "juntas se esforçaram", apenas em duas ocorrências em todo o Novo Testamento grego, e ambas em Filipenses. Da primeira vez, é traduzida por "lutando juntos [pela fé evangélica ou pela fé do evangelho]", em Filipenses 1.27, no contexto do apelo paulino aos cristãos de Filipos para que vivessem "acima de tudo, por modo digno do evangelho", a ponto de que, estando ele presente ou ausente, o apóstolo soubesse que estavam firmes "em um só espírito, como uma só alma". A segunda ocorrência é aqui, como arrazoado para Evódia e Síntique, que já haviam experimentado a concórdia em prol do evangelho de Cristo, a fim de que superassem suas diferenças mais recentes.

Não fica claro o que aconteceu. Há especulações de que uma delas, na verdade, seria a própria Lídia, uma vez que o nome usado por Lucas em Atos 16 poderia ser um título genérico, como "uma mulher de Lídia" — uma hipótese que ganha força, porque, estranhamente, Lídia não é citada nominalmente na carta, apesar de ser a primeira convertida da igreja em Filipos. Mas tais especulações permanecem apenas como hipóteses, assim como seria especular demais dizer que o conflito teria sido entre uma "cristã membro fundadora" e uma "cristã recém-chegada" a Filipos. Independentemente das razões do conflito entre elas, a atitude de Paulo é pedir amorosamente a ambas que busquem um pensamento concorde — observe que o verbo *rogar* é repetido igualmente a cada uma delas, em uma construção grega que aponta a simetria do tratamento do apóstolo a ambas, sem tomar partido por nenhuma delas. A autoridade paulina é exercida em tons de súplica.

Aparentemente, havia uma discordância de pontos de vista, visto que o verbo usado aponta para "uma opinião", "uma formação de juízo", ou seja, algo situado dentro da faculdade humana de avaliar e processar informações, conforme é usado em outras ocasiões no Novo Testamento (At 28.22; 2Co 13.11; Fp 1.7; 2.2).

Mas, no que se refere à discórdia entre Evódia e Síntique, o ponto mais importante é perceber como uma história anterior de cobeligerância em prol do que cada uma considerava ser o melhor para o evangelho acabou se revelando como tendo origem em algo de somenos importância, talvez uma opinião ou um ponto de vista periférico, tanto que o conflito sequer merece do apóstolo uma atenção exortativa mais alongada e profunda.

O fato é que a causa do evangelho de Jesus Cristo, muito maior que a querela entre Evódia e Síntique, acaba sendo comprometida por elas em razão de questões muito menores, que acabam tomando um vulto maior na forma de um conflito. Esse é um exemplo claro de tolice e imaturidade cristã, que exige não apenas os rogos do apóstolo a elas, mas um pedido de auxílio a um terceiro, a fim de que possa auxiliá-las como mediador e conciliador.

O pacificador *Syzigos*

O discurso direto às irmãs em discórdia é agora redirecionado a alguém de quem o apóstolo solicita auxílio: "E peço a você, *meu fiel colaborador*, que ajude essas duas mulheres, pois elas trabalharam arduamente comigo na propagação das boas-novas [...]" (2.3, grifos meus). Paulo usa, inclusive, um verbo mais suave do que "rogar", corretamente traduzido na maioria das versões em português simplesmente por "pedir", na solicitação a esse personagem para que ajudasse as irmãs na busca pela concórdia, deixando claro que essa convergência era claramente responsabilidade delas próprias, e não daquele a quem o apóstolo comissionava como mediador entre elas.

A palavra grega que traduz a expressão "fiel colaborador" (em outras traduções, "fiel companheiro de jugo") é *Syzigos*, um nome próprio, usado exclusivamente nessa passagem do Novo Testamento. Embora na literatura grega, em geral, possa significar "consorte", "colega ou parceiro de trabalho", o fato de estar no vocativo indica que Paulo dirigia-se a alguém em particular, utilizando-se de um termo que remetia aos antecedentes de uma história comum de lealdade entre eles. De fato, Paulo tinha em mente alguém em particular.

A questão de quem seria esse *Syzigos*, chamado para auxiliar Evódia e Síntique a resolver e pacificar sua discórdia, é de menor importância. É possível que fosse Epafrodito, o portador da carta, que talvez tivesse recebido mais instruções sobre como agir naquela situação. Epafrodito, aliás, já recebera de Paulo alguns qualificativos bem parecidos, tais como "cooperador e companheiro de lutas" (Fp 2.25), e havia sido provado por uma séria enfermidade, que o acometera enquanto estava preso, em Roma, com Paulo (Fp 2.26-30).

Outra possibilidade é que o *Syzigos* em questão fosse Timóteo, a quem Paulo pensava também em mandar a Filipos (Fp 2.19) e que, segundo a avaliação do apóstolo, era insuperável no interesse legítimo pelo bem-estar dos filipenses e no caráter maduro e testado na luta pelo evangelho de Cristo (Fp 2.20-23). É mais provável que fosse um dos presbíteros da igreja de Filipos, a quem cabia supervisionar, como epíscopos ou bispos do rebanho, cuidando pastoralmente das pessoas (Fp 1.1).

No entanto, mais importância há em entender que tipo de auxílio Paulo esperava que esse *Syzigos* prestasse às irmãs, já que cabia a elas buscar a concórdia, conforme observamos pela diferença da intensidade dos diferentes verbos "rogar", usado para elas, e "pedir", usado para *Syzigos*.

O verbo grego traduzido por "pedir" é usado apenas outra vez, com o sentido de *auxiliar* (em Lucas 5.7, onde se lê que os discípulos "fizeram sinais aos companheiros do outro barco, para que fossem ajudá-los"). Também aqui, no episódio da pesca maravilhosa, fica claro de quem era a responsabilidade de puxar a rede cheia de peixes e a quem eles pediram uma mão para auxiliá-los, da mesma forma que, agora, *Syzigos* seria apenas um moderador dos esforços de busca das irmãs por concórdia.

Quem se habilita a ser *Syzigos* nas discórdias de nossos dias?

O "uso redentivo" de tecnologias de informação e de comunicação, inclusive das redes sociais, tem sido uma expressão comum para justificar a defesa da fé e as declarações teológicas e confessionais da sã doutrina. Certamente, no mercado de ideias do mundo plural do século 21, tão bem representado pela internet, é salutar que muitos se disponham a "armar a sua banquinha" para expor o evangelho de Cristo ao exame público.

Em dois mil anos de cristianismo, isso já tem sido empreendido presencialmente por muitos, inclusive pelo próprio apóstolo Paulo, que, em muitas cidades, proclamou, persuadiu e argumentou em favor da exclusividade de Cristo, apresentando-o como o "deus desconhecido" no areópago de Atenas (At 17.16-34) ou como o único caminho, em plena Éfeso, a cidade que era "a guardiã de Diana e da imagem que caiu do céu" (At 19.23-41).

Todavia, a tecnologia não é nada redentiva quando é usada não para defender os fundamentos inegociáveis do evangelho de Jesus, mas, sim, para enfatizar pontos de vistas particulares ou de determinados grupos — muitas vezes enviesados por ideologias e filosofias com o nítido objetivo de cooptar a essência da mensagem cristã, travestindo-a de projetos para a construção de um reino deste mundo.

Quando isso ocorre, o que se tem não é redentivo, mas disruptivo da unidade cristã. O arrependimento pela discórdia provocada e o esforço intencional pela concórdia constituem o clamor de Paulo e de muitos outros homens fiéis a Deus, em nome do rei Jesus Cristo, com vistas ao avanço de seu Reino.

Por isso, é imperativo que as Evódias e Síntiques de nossos dias abandonem a voracidade narcísica por *likes* e elogios de seguidores, a promoção impiedosa de tretas que arrebanham inscritos em seus canais e o discurso agressivo de quem prima pelas próprias opiniões em detrimento da pacificação. É salutar e produtivo lembrar que os cristãos precisam estar no mesmo barco, mesmo que discordem em aspectos secundários da fé, em pontos doutrinários periféricos, em divergências denominacionais ou em opiniões ideológicas e político-partidárias.

Jesus não precisa de promotores de dissensões e facções entre irmãos e, sim, de *Syzigos* que auxiliem a pacificar os ânimos daqueles que foram chamados pela graça para a salvação. É preciso manter dentro do barco o que é central à fé e todos temos em comum e lançar fora os detritos que teimam em invadir os relacionamentos nos ambientes de exposição de ideias — como as redes sociais —, onde foram jogados pela carnalidade dos teimosos em pôr as próprias opiniões acima da unidade e da paz que Jesus almeja para os seus. E que esses detritos sejam, enfim, reciclados pelo oferecimento e pela aceitação do perdão, e, por fim, lançados ao fundo do mar, deixando a bordo apenas a harmonia que vem pela concórdia e pelo perdão, tanto o divino quanto o humano.

CAPÍTULO 10

Quais são os auxílios que todo *Syzigos* dos nossos dias pode oferecer? Atitudes pacificadoras. Como, por exemplo, a repulsa pelo confronto no que não é essencial à fé, a busca pela história em comum em nome da causa maior do evangelho de Cristo, o alerta contra o mau testemunho diante daqueles que "observam o vosso proceder" e a lembrança da inutilidade de dogmatizar o que grandes luminares cristãos do passado jamais conseguiram. Posso, então, rogar a você para que seja também um *Syzigos*?

Robinson Grangeiro

Chanceler da Universidade Presbiteriana Mackenzie, em São Paulo (SP), e pastor titular da Igreja Presbiteriana de Tambaú, em João Pessoa (PB). Doutor em Educação, Arte e História da Cultura (UPM), doutor em Ministério pelo programa conjunto do Reformed Theological Seminary (EUA) e do Centro de Pós-Graduação Andrew Jumper, em São Paulo (SP). Mestre em Psicologia Social (UFPB), pós-graduado em Gestão de Pessoas pela Fundação Getulio Vargas (FGV).

DOUZE

A FRAGMENTAÇÃO DA ALMA EVANGÉLICA

Por que estamos nos dividindo e como
podemos nos unir novamente

TIMOTHY DALRYMPLE

TIMOTHY DALRYMPLE

Novas fraturas estão se formando dentro do movimento evangélico americano, fraturas que não se formam, como de costume, ao longo das linhas regionais, denominacionais, étnicas ou políticas. Casais, famílias, amigos e congregações antes unidos em seu compromisso com Cristo estão agora se dividindo por causa de visões de mundo aparentemente irreconciliáveis. Na verdade, eles não estão apenas se dividindo, mas estão se tornando incompreensíveis uns para os outros.

Recentemente, um grupo de amigos meus dos tempos de faculdade, todos criados e educados em famílias e congregações evangélicas saudáveis, reconectou-se online, na tentativa de compreender o que está acontecendo. Uma das pessoas lamentou não poder mais entender seus pais ou como suas visões de mundo haviam mudado de forma tão repentina e dolorosa. Outro rapaz descreveu amigos idênticos do ponto de vista demográfico, que já tiveram os mesmos posicionamentos que ele em praticamente todas as questões, mas que agora promoviam ideias que considerava chocantes. Outra disse, ainda, que sua igreja estava se desintegrando, dividindo-se por causa de suspeitas e mal-entendidos mútuos. "Este era o meu povo", disse um deles, "mas agora já não sei quem eles são, ou talvez não saiba mais quem eu sou".

O que fazer quando você sente que está perdendo as pessoas que ama para uma falsa realidade? E o que fazer com a verdade humilhante de que eles sentem exatamente o mesmo medo em relação a você?

O dilema não é exclusivo dos evangélicos. Contudo, irmãos amados que antes caminhavam lado a lado percebem agora que

CAPÍTULO 11

transformações tectônicas os dividiram, que seus continentes estão se afastando e que não conseguem encontrar uma ponte de volta para um terreno comum. Como nossas visões da realidade podem divergir de forma tão dramática — e será que há algo que possamos fazer para nos unir novamente?

A curva de plausibilidade e a curva de informação

Entre os assuntos de interesse mais persistente em minha carreira acadêmica estava a questão de como as pessoas formam suas crenças. Não como elas *deveriam* formar crenças, em alguma visão idealizada de racionalidade aperfeiçoada, mas sim como elas *realmente* formam crenças, enquanto criaturas mergulhadas em suas comunidades e culturas. Quero apresentar uma ferramenta conceitual simples, influenciada em parte pelo trabalho de Peter Berger, que pode nos ajudar a entender o que está acontecendo.

Imagine um plano horizontal que se curva para baixo, entra em uma cavidade, desponta novamente do outro lado e retorna a um plano horizontal. A curva, que se forma de uma extremidade à outra da cavidade, representa a gama de alegações que um indivíduo considera verossímeis. Vamos chamá-la de curva de plausibilidade. Alegações que ficam no centro da curva serão percebidas como as mais plausíveis; elas requerem pouca evidência ou argumentação antes que um indivíduo consinta em acreditar nelas. As alegações que ficam perto das bordas da cavidade são cada vez mais implausíveis à medida que se afastam do centro, exigindo cada vez mais persuasão. Alegações que ficam inteiramente fora da curva de plausibilidade estão além dos limites daquilo em que uma pessoa possa acreditar em um

175

determinado momento, e nenhuma quantidade de evidência ou lógica será suficiente para mudar isso.

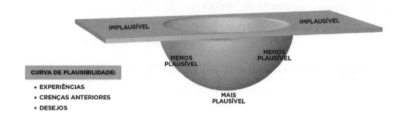

O que determina a plausibilidade de determinada alegação é quanto ela está de acordo ou se encaixa com o que um indivíduo experimenta na vida, já acredita e quer acreditar. O conjunto de crenças de uma pessoa é como um fotomosaico: milhares de experiências e percepções da realidade são reunidas e delas emergem padrões e impressões mais amplas, crenças de ordem superior sobre a natureza da realidade, as grandes narrativas da história, a natureza do certo e do errado, do bem e do mal, e assim por diante. Tentativas para mudar uma única crença podem parecer infrutíferas, quando ela está entrelaçada em inúmeras outras. Por onde começar a lidar de uma só vez com milhares de divergências que estão entrelaçadas? Evidências em contrário são quase irrelevantes, quando uma afirmação "se encaixa" em toda uma rede de crenças que a reforçam. Isso é, em parte, o que dá a uma curva de plausibilidade força duradoura e resistência à mudança.

O desejo desempenha um papel particularmente complicado na curva de plausibilidade. Podemos desejar *não* acreditar em uma alegação porque ela nos separaria daqueles que amamos, nos confrontaria com verdades dolorosas, exigiria uma mudança em nosso comportamento, imporia um custo social etc. Nós podemos desejar *acreditar* em uma certa alegação porque ela estaria em alta, confirmaria nossos preconceitos, nos diferenciaria daqueles que nos rodeiam, irritaria nossos pais, ou por inúmeras outras razões. Precisaremos de uma dose maior de persuasão para aquelas alegações em que não queremos acreditar e uma dose menor para aquelas em que acreditamos.

Como a janela de Overton na teoria política, uma curva de plausibilidade pode se expandir, contrair-se e mudar. Amigos ou familiares cujas curvas de plausibilidade já foram um dia idênticas podem descobrir que divergem com o passar do tempo. Alegações que uma pessoa considera prontamente plausíveis são quase inconcebíveis para a outra. Mas como isso acontece? É aí que entra a curva de informação.

Imagine a imagem de uma cavidade espelhada acima da curva de plausibilidade. Essa é a curva de informação e reflete as fontes externas de informação que o indivíduo tem sobre o mundo — por exemplo, comunidades, autoridades e a mídia. As fontes que ficam no centro da curva de informação são consideradas mais confiáveis; alegações que vêm dessas fontes são aceitas quase sem questionamento. As fontes de informação que ficam nas extremidades externas da cavidade são consideradas menos confiáveis, portanto suas alegações serão submetidas a um exame mais minucioso. As fontes que ficam totalmente fora da curva de informação, ao menos para esse indivíduo, carecem tanto de credibilidade que suas alegações são rejeitadas de imediato.

O centro da curva de informação geralmente se alinha com o centro da curva de plausibilidade. A relação entre essas curvas se reforça mutuamente. As fontes são consideradas mais confiáveis quando fazem alegações que consideramos plausíveis e as alegações são consideradas mais plausíveis quando vêm de fontes em que confiamos. Uma fonte de informação que faça consistentemente alegações que se situem no centro da curva de plausibilidade passará a desfrutar de credibilidade implícita.

Mudanças *podem* começar no nível da curva de plausibilidade. Talvez um indivíduo entre para uma comunidade religiosa e descubra que ela é mais amorosa e sensata do que ele esperava. Esse indivíduo não achará mais plausível quando uma fonte de informação afirmar que todas as comunidades religiosas são irracionais e preconceituosas, e isso mudará gradualmente sua curva de informação em favor de fontes mais confiáveis. Ou outra pessoa vive a perda de um filho e não deseja mais acreditar que a morte é o fim da consciência. Fica mais aberta a outras alegações, expande suas fontes de informação e, lentamente, suas crenças mudam.

A mudança também pode começar no nível da curva de informação. Certo indivíduo, criado em determinada comunidade com autoridades bem estabelecidas, como seus pais e pastores, vai para a faculdade e é apresentado a comunidades e autoridades novas. Se considerá-las fontes confiáveis de informação, essa nova curva de informação provavelmente mudará sua curva de plausibilidade. À medida que seu conjunto de crenças muda, esse indivíduo pode até chegar ao ponto de não mais considerar confiáveis as fontes que antes forneciam a maioria de suas crenças. Ou imagine uma pessoa que viveu toda a sua existência consumindo fontes de mídia de extrema-esquerda. Então, começa a ouvir fontes conservadoras da mídia e descobre que suas alegações repercutem com sua experiência — de início apenas de leve, mas em grau crescente. Pouco a pouco, ele cada vez mais faz uso de mídia conservadora, o que vai expandindo ou mudando sua curva de informação, e isso, por sua vez, expande ou altera sua curva de plausibilidade. Ele pode chegar a um ponto em que suas percepções de mundo mais amplas — as forças mais profundas em ação na história, as formas ideais de organização social e econômica, as forças do bem e do mal no mundo — venham a ser totalmente anuladas.

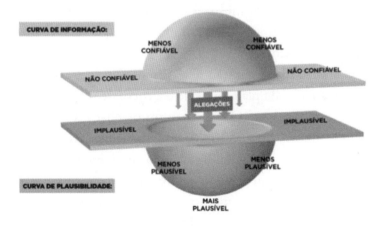

Considere o Movimento da verdade sobre o 11 de setembro e o Movimento QAnon. A maioria dos americanos achará que está além dos limites de sua curva de plausibilidade, por exemplo, a alegação de que o governo Bush tenha orquestrado um ataque terrorista maciço para invadir o Oriente Médio e enriquecer seus amigos na indústria do petróleo, ou a alegação de que as elites liberais globais formariam uma rede internacional de tráfico de crianças, para fins de pedofilia e canibalismo. Outros, entretanto, acharão que uma ou outra conspiração dessas repercute com sua curva de plausibilidade, ou sua curva de informação pode mudar ao longo do tempo de tal forma a trazer consigo sua curva de plausibilidade. Alegações que antes pareciam impossíveis de contemplar passam a parecer concebíveis, e então plausíveis, e a seguir razoáveis e, por fim, evidentes por si mesmas. É claro que os conservadores sacrificariam milhares de vidas inocentes para justificar uma "guerra pelo petróleo", porque os conservadores são gananciosos e é isso que conservadores fazem. É claro que os liberais sacrificariam milhares de crianças por mais saúde e poder para si mesmos, porque os liberais são perversos e é isso que liberais fazem.

Como nota de definição final, vamos chamar toda essa estrutura, a curva de plausibilidade e a curva de informação, de *mundo informacional*. O mundo informacional abrange como um indivíduo ou uma comunidade de indivíduos recebe e processa informações. Mundos informacionais diferentes terão fatos e fontes diferentes. Nosso desafio, hoje, é que vivemos em mundos informacionais múltiplos, os quais têm entre si pouca coisa em comum e muita hostilidade.

CAPÍTULO 11

E o que tudo isso tem a ver com o movimento evangélico? Muita coisa.

As crises evangélicas

O movimento evangélico americano nunca foi composto por uma comunidade única. Dependendo dos critérios, as estimativas geralmente definem o número de evangélicos americanos entre 80 a 100 milhões. Mesmo se definíssemos o total em 90 milhões, isso tornaria a população evangélica americana maior do que todas as nações europeias, exceto a Rússia. Essa população evangélica também é diversificada e abrange todas as regiões, raças e níveis socioeconômicos. O que sempre manteve esse movimento unido historicamente não foi apenas um conjunto compartilhado de compromissos morais e teológicos, mas uma visão de mundo amplamente semelhante e fontes comuns de informação. Suas curvas de plausibilidade e de informação coincidiam amplamente. Havia alguns assuntos em que os diferentes grupos da população evangélica divergiam, mas a base que compartilhavam no meio servia como alicerce para a comunhão e o entendimento mútuos.

Esse senso de comunalidade foi se tornando cada vez mais tenso, à medida que grupos, anteriormente não identificados como evangélicos, passaram a se integrar ao grupo, definindo a categoria "evangélico" menos em termos teológicos e mais em termos sociais, culturais e políticos. Esse movimento evangélico mais amplo hoje está se fragmentando em comunidades separadas, as quais ainda têm em comum alguns compromissos morais e teológicos, mas diferem dramaticamente sobre suas fontes de informação e sua visão mais ampla de mundo. Seus mundos informacionais têm poucos pontos de coincidência. Essas

181

comunidades só podem discutir uma gama restrita de tópicos, se não quiserem entrar em dolorosa e exasperada discordância.

Um grupo dentro do evangelicalismo americano acredita que nossas liberdades religiosas nunca foram tão firmemente estabelecidas; já outro acredita que elas nunca estiveram sob maior risco. Um grupo acredita que o racismo ainda é sistêmico na sociedade americana; outro crê que a insistência no "racismo sistêmico" é um programa progressista para redistribuir riqueza e poder para radicais raivosos. Um está mais preocupado com a revolta no Capitólio; outro, com os distúrbios que se seguiram à morte de George Floyd. Um grupo acredita que a presidência de Trump foi algo geracionalmente prejudicial ao testemunho cristão; outro, que foi algo imensamente benéfico. Um deles acredita que o ex-presidente tentou dar um golpe; outro, que os democratas roubaram a eleição. Um grupo acredita que máscaras e vacinas são sinais do amor cristão; outro, que a rejeição de máscaras e vacinas é um sinal de coragem cristã.

Existem inúmeros grupos intermediários, é claro, mas esses exemplos ilustram a tensão: ocupamos a mesma realidade, mas vivemos em mundos totalmente diferentes. A verdadeira questão é se esses mundos conseguem (ou deveriam) se juntar novamente. Este é um momento crítico para nosso movimento.

O que, então, pode ser feito? O próprio modelo sugere por onde começar. Se movermos as curvas de informação em direção a um centro comum, a curva de plausibilidade a acompanhará. As informações vêm por meio de três fontes: a mídia, as autoridades e a comunidade. Uma das razões para a nossa desunião é que essas três fontes estão em crise no evangelicalismo americano. Farei apenas um breve esboço desses pontos.

CAPÍTULO 11

Primeiro, a crise da mídia é aguda. Ainda que a mídia, hoje, tenha se tornado mais poderosa e difundida, ela também se tornou mais fragmentada e polarizada. A dinâmica da mídia moderna recompensa o conteúdo que é imediato, raivoso e hiperbólico, transformando a mídia em uma feira para vendedores de escárnio e mercadores de ódio. Os evangélicos se encontram divididos entre, de um lado, plataformas de mídia social e fontes tradicionais de mídia que defendem abertamente causas progressistas e atacam vozes conservadoras e, de outro, fontes de extrema-direita que lançam mão de paranoia e desinformação. Resumindo, o cenário da mídia digital desenvolveu-se de modo a lucrar mais com nossos vícios do que com nossas virtudes, e se tornou incrivelmente eficaz em dividir o público em círculos herméticos de mídia que fornecem apenas informações e comentários que confirmam as ansiedades e antipatias do público.

Isso representa um desafio extraordinário para o discipulado cristão. O consumo de mídia vem subindo há anos e disparou durante a pandemia da Covid-19. Os membros de nossas congregações podem passar poucas horas por semana estudando a Palavra de Deus (que deve ser sempre a fonte mais importante de informação e autoridade do cristão), mas passam quarenta horas ou mais consumindo sem reservas as animosidades do dia. Uma vez que a curva de informação começa a se desviar para a esquerda ou para a direita, os algoritmos da mídia digital e as manipulações de políticos e exploradores aceleram esse ímpeto. Em pouco tempo, comunidades cristãs que antes compartilhavam uma visão mais ampla de mundo descobrem que apenas concordam com os princípios mais básicos da fé. Será difícil tratarmos de outros pontos da curva de informação até

183

que tenhamos trazido algum vestígio de sanidade ao nosso consumo de mídia. Quanto mais vivermos em mundos de mídia separados, mais profundas e amplas nossas divisões se tornarão. Quanto mais nos entregarmos à gula da mídia, e consumirmos pouco do alimento mais profundo que cultiva Cristo em nós, menos teremos em comum.

A crise da mídia atinge toda a sociedade, mas *o movimento evangélico também enfrenta uma crise de autoridade que ele mesmo criou*. Uma geração de líderes evangélicos que impunham imenso respeito, pelo menos em meio ao evangelicalismo americano, faleceu. A atual geração dos líderes evangélicos instituídos, embora seja marcantemente mais diversificada do que a de seus antepassados, luta para se erguer acima da alteridade ideológica galopante de nosso tempo. Além disso, o movimento já viu inúmeros líderes caírem em desgraça de maneiras espetacularmente destrutivas. Ao mesmo tempo, assistimos à ascensão do pastor-celebridade. Antigamente, uma vida longa de obediência na mesma direção, de humilde estudo e serviço rendia a uma pessoa uma dose módica de autoridade espiritual e uma vida modesta. Hoje, um perfil arrojado e talento para a autopromoção podem gerar riqueza e estrelato no mercado de celebridades cristãs.

A consequência é desilusão e divisão. Enquanto as gerações mais jovens tomam o rumo das portas de saída, aqueles que permanecem em nossas igrejas tornam-se cada vez mais entrincheirados em seus próprios campos ideológicos. Se um dia voltar a ser verdade o fato de autoridades amplamente respeitadas formarem uma parte comum importante de nossa curva de informação, isso se dará porque passamos de uma cultura de

CAPÍTULO 11

celebridades para uma cultura de santificação, na qual a liderança está mais voltada para carregar a cruz de Cristo do que para construir a própria plataforma. Isso acontecerá porque nos lembraremos das palavras de Jesus, que nos ensina que "quem quiser tornar-se importante entre vocês deverá ser servo" (Mt 20.26). Acontecerá também porque reaprenderemos a ouvir homens e mulheres de sabedoria, não só líderes, mas também nossos próximos, sem crucificá-los por causa de diferenças políticas.

A terceira maneira de mudar a curva de informação é *tratando a nossa crise de comunidade*. A comunidade é essencial para a vida cristã. Ela aprofunda nosso conhecimento da Palavra, forja nossa identidade comum em Cristo, cultiva o caráter cristão e discipula nossos jovens. No entanto, as pressões, tentações e distrações sedutoras da vida contemporânea esticaram os laços que nos unem, substituindo o calor e a profundidade da comunidade encarnada por uma imitação digital e fria dela. A pandemia apenas aprofundou nosso isolamento, fazendo com que muitos olhassem para fora de suas igrejas, para tribos políticas ou comunidades movidas a conspiração, em busca de um senso de propósito e pertencimento. Além disso, a hiperpolitização do movimento evangélico americano levou a uma separação política. Membros de igreja que não apreciam o posicionamento de seus pastores partem para outras igrejas cujas agendas políticas são iguais às deles. Contudo, congregações compostas por indivíduos cujos mundos informacionais são quase idênticos tendem a rigidez e radicalismo crescentes — algo que Cass Sunstein chama de Lei da Polarização de Grupo.

Em vez de se recolher em comunidades com ódios comuns, a igreja deve oferecer uma comunidade de amor comum, um santuário que nos proteja da fragmentação e da polarização, da solidão e do isolamento do momento atual. A igreja deve ser um modelo do que significa cuidar uns dos outros, apesar de nossas diferenças em questões sociais e políticas, e afirmar nossas raízes incomparavelmente mais profundas da nossa identidade em Cristo.

Michael O. Emerson, sociólogo e estudioso de religião americana da Universidade de Illinois em Chicago, disse recentemente que tem estudado congregações religiosas por trinta anos, mas "nunca viu" um nível tão extraordinário de conflito. "O que é diferente agora?", ele perguntou. "O conflito envolve visões de mundo inteiras — questões sobre política, raça, como devemos ser no mundo, e até mesmo para que servem a religião e a fé." O que ofereci acima é um modelo para entender como chegamos a tal ponto, bem como uma mera sugestão de como podemos começar o projeto geracional que temos diante de nós.

Não estamos, porém, como os que não têm esperança. As mentiras soam vazias ao final do dia. O ódio é uma imitação pobre de propósito; a celebridade, um pobre substituto para a sabedoria; e as tribos políticas, uma comparação sofrível diante da autêntica comunidade cristã. Somos um povo definido pela ressurreição do Filho de Deus. Somos chamados para ser redentores e reconciliadores.

Portanto, talvez possamos começar a construir pontes para nossos mundos informacionais. Talvez possamos nutrir um ecossistema de mídia saudável, que ofereça uma visão equilibrada de mundo e um diálogo generoso sobre ela. Talvez possamos restaurar uma cultura de liderança que seja definida por

CAPÍTULO 11

humildade em vez de celebridade, por integridade em vez de influência. Talvez possamos convidar aqueles que encontraram uma comunidade falsa em suas tribos políticas a redescobrirem uma comunidade em Cristo, muito mais rica e robusta. Todos esses elementos serão essenciais para reconstruirmos uma visão compartilhada do mundo que Deus criou e do que significa seguir a Cristo nele.

Timothy Dalrymple

Presidente e CEO da revista *Christianity Today*. É doutor em Filosofia com foco em Religião (Harvard's Graduate School of Arts and Sciences), mestre em Divindade (Princeton Theological Seminary) e graduado em Filosofia e Estudos Religiosos (Universidade Stanford). Filho e neto de pastores, é pregador e atuou como capelão por três anos em uma prisão de segurança máxima.

DOZEN

VIOLÊNCIA VERSUS O EVANGELHO DA PAZ

O contexto brasileiro

DAVI LAGO

"[...] e tendo os pés calçados com a prontidão do evangelho da paz [...]" EFÉSIOS 6.15.

m seu texto *A violência*,[1] o filósofo francês Yves Michaud explica que a origem latina da palavra "violência" é *violentia*, do verbo *violare*: significa violar, transgredir, profanar. O núcleo da palavra é *vis*, que engloba as ideias de vigor, força e potência.[2] No período clássico greco-romano, violência significava o desvio, pelo emprego de força externa, do curso que as coisas seguiriam por si próprias ou, como diziam os autores da época, do curso "natural" das coisas. No contemporâneo, a noção de violência expandiu-se consideravelmente, incluindo violências simbólicas e psíquicas. Violência é tanto transgressão dos valores que a sociedade aceita como legítimos como o próprio estado de caos e desordem normativa.[3]

O sociólogo Sergio Adorno esboça, no ensaio *Violência e crime: sob o domínio do medo na sociedade brasileira*,[4] o modo como a violência esteve incorporada ao cotidiano do Brasil do período colonial ao início do século 21. Transformações significativas causadas pelos processos de industrialização e urbanização reconfiguraram as relações interpessoais na sociedade. Em três gerações, o Brasil deixou de ser um país agrário e passou por um processo de progressiva urbanização, o que levou à formação de grandes complexos metropolitanos. Nesse novo cenário, multiplicaram-se violências, sobretudo devido à exclusão socioeconômica e ao aumento da desigualdade social,[5] como mostrou a proliferação de telejornais dedicados a noticiar crimes como roubo, estupro, extorsão mediante sequestro e homicídio.

Neste início de século 21, o Brasil apresenta uma das taxas mais altas de assassinatos do mundo: superior a 30 homicídios a cada 100 mil habitantes, segundo o Atlas da Violência, do Instituto de Pesquisa Econômica Aplicada (IPEA), vinculado ao Ministério da Economia.[6] Nosso país só perde para Belize, Honduras, Colômbia e El Salvador.

CAPÍTULO 12

A historiadora e antropóloga brasileira Lilia Moritz Schwarcz ressalta que a Organização Mundial da Saúde não possui dados confiáveis sobre a violência em nações africanas, mas, "mesmo assim, com os números que efetivamente conhecemos, é possível ter certeza de que as taxas de mortes violentas são muito mais altas na América Latina do que no restante do mundo".[7] Ou seja, segundo os dados disponíveis, o Brasil é, infelizmente, uma das nações mais violentas do planeta.

Como se não bastassem esses problemas graves, a insatisfação popular com a classe política criou no país um ambiente de aguda polarização. Sobretudo, após as manifestações populares de junho de 2013, a sociedade brasileira habituou-se ao clima de agressividade em conversas sobre política até mesmo entre parentes e amigos. O jornalista Eugênio Bucci afirmou que, nesses protestos,

> por vezes, a violência transborda da encenação — plano em que ela não é física, mas apenas uma representação — e escorre pelas ruas, como violência de fato. A violência se converte na linguagem visual das passeatas e, também, a linguagem visual das passeatas se converte em violência.

Desse modo, as manifestações políticas a partir daquele período mobilizaram códigos que fazem alusão à violência e, em tensões extremas, são violentos em si mesmos. Como disse Bucci, "no rumor dos protestos, a violência é linguagem".[8]

Na esteira desses acontecimentos, as eleições gerais de 2018 ficaram marcadas pelo ambiente hostil, que incluiu agressões verbais e físicas entre militantes de diferentes partidos políticos e rupturas até mesmo entre familiares que não compartilha-vam das mesmas posições político-ideológicas. Entre os fatos violentos desse período estão o assassinato da vereadora carioca Marielle Franco e do motorista Anderson Gomes, em 14 de março de 2018; os tiroteios que alvejaram caravanas petistas em campanha eleitoral, em 27 de março de 2018; a facada de Adélio Bispo no então candidato Jair Bolsonaro em passeata eleitoral em Juiz de Fora (MG), em 6 de setembro de 2018; e o assassinato do capoeirista Moa do Katendê, com doze facadas, em meio a discussão política, em 8 de outubro de 2018.

A violência não se limitou a este ou aquele espectro ideoló-gico e político; antes, instalou-se por toda parte. Os ambientes virtuais também não foram poupados, mas tornaram-se palcos de linchamentos, *fake news* difamatórias, calúnias e todo tipo de agressividade. O politólogo Leonardo Avritzer afirmou que, nesse período, "o desrespeito, seja à soberania eleitoral e às dimensões públicas do processo eleitoral, seja à estrutura do direito, aponta para uma inflexão no pêndulo democrático".[9] Segundo Avritzer, o cidadão brasileiro passou a ser caracteriza-do pelo *ódio cibernético-religioso*, isto é, as novas mídias sociais possibilitaram formas de manifestações fanáticas que extrapo-laram os contextos políticos, adentrando em questões culturais, artísticas e até mesmo religiosas.[10]

O evangelho da paz

Diante desse ambiente tão marcado pela agressividade, precisa-mos perguntar, como cristãos: o que as Escrituras dizem sobre violência? A resposta é que elas apontam para, pelo menos, três linhas elementares.

CAPÍTULO 12

Em primeiro lugar, a Bíblia diz que *a raiz de toda violência é o pecado*, a separação do ser humano de Deus, seu estado de alienação da glória de Deus. Por causa do pecado, Deus entregou os seres humanos "a uma disposição mental reprovável, para praticarem o que não deviam. Tornaram-se cheios de toda sorte de injustiça, maldade, ganância e depravação. Estão cheios de inveja, homicídio, rivalidades, engano e malícia [...]" (Rm 1.28-29).

A Carta de Tiago reforça a tese de que o pecado humano é a causa das múltiplas violências que conduzem à guerra: "De onde vêm as guerras e contendas que há entre vocês? Não vêm das paixões que guerreiam dentro de vocês? Vocês cobiçam coisas, e não as têm; matam e invejam, mas não conseguem obter o que desejam. Vocês vivem a lutar e a fazer guerras." (Tg 4.1-2). Assim, a teologia cristã afirma que a violência é originada dentro do próprio ser humano, uma vez que é fruto das paixões que guerreiam dentro dele.

Jesus afirmou em termos claros: "O que sai do homem é que o torna 'impuro'. Pois do interior do coração dos homens vêm os maus pensamentos, as imoralidades sexuais, os roubos, os homicídios [...]" (Mc 7.20-21). A violência transborda do coração humano e, portanto, da perspectiva cristã, ela é mais do que um problema político: é espiritual.

Em segundo lugar, as Escrituras afirmam que *somente o evangelho de Jesus reconduz o ser humano à paz com Deus*. Por meio de sua morte na cruz e sua ressurreição, Cristo nos reconciliou. O apóstolo Paulo afirma que este é o evangelho:

> Antes vocês estavam separados de Deus e, na mente de vocês, eram inimigos por causa do mau procedimento de vocês. Mas

195

agora ele os reconciliou pelo corpo físico de Cristo, mediante a morte, para apresentá-los diante dele santos, inculpáveis e livres de qualquer acusação [...]. Esse é o evangelho do qual eu, Paulo, me tornei ministro. COLOSSENSES 1.21-23

Assim, o evangelho nos leva à paz com Deus por meio de Cristo Jesus: "Tendo sido, pois, justificados pela fé, temos paz com Deus, por nosso Senhor Jesus Cristo" (Rm 5.1).

Em terceiro lugar, as Escrituras mostram que *a paz com Deus leva o homem a estar em paz consigo próprio e com o próximo*. Enquanto as obras da carne (as marcas de uma pessoa sem o Espírito de Deus) incluem "ódio, discórdia, ciúmes, ira, egoísmo, dissensões, facções e inveja" (Gl 5.20), o fruto do Espírito (as marcas de uma pessoa cheia do Espírito de Deus) são "amor, alegria, paz, paciência, amabilidade, bondade, fidelidade, mansidão e domínio próprio" (Gl 5.22-23).

É importante ressaltar que o próprio Jesus afirmou que uma vida bem-aventurada é caracterizada pela promoção da paz: "Bem-aventurados os pacificadores, pois serão chamados filhos de Deus" (Mt 5.8). A paz de quem foi salvo não depende mais de circunstâncias terrenas: "a paz de Deus, que excede todo o entendimento, guardará o vosso coração e a vossa mente em Cristo Jesus" (Fp 4.7). Se a fonte da paz é o próprio Deus, trata-se, portanto, de uma paz sobrenatural.

Ministros da reconciliação, não da polêmica

É impressionante perceber, por um lado, a clareza das Escrituras em afirmar o "evangelho da paz" e o papel do cristão como pacificador, e, por outro, a absoluta debilidade de muitos "evangélicos"

CAPÍTULO 12

brasileiros na promoção da paz. Infelizmente, muitos cristãos contemporâneos têm um comportamento típico de uma fase tenebrosa do catolicismo medieval em que fé e violência andavam de mãos dadas, pois o próprio Papa vestia armadura e ia para a guerra. O historiador Martin van Creveld afirmou que o poder da Igreja Católica Romana atingiu seu clímax entre o período dos papas:

> Gregório VII (1073-85) e Clemente IV (1265-68). O primeiro entrou em conflito com o imperador Henrique IV pelo direito de nomear bispos, excomungou-o, absolveu dos juramentos os vassalos, fomentou uma rebelião contra ele e, por fim, obrigou-o a ir para Canossa, onde, de joelhos, arrependeu-se publicamente de seus pecados. O segundo mobilizou grande parte da Europa, engajou-se em uma série de guerras e só descansou quando viu a execução do último descendente de Henrique — o imperador Conrado, de 16 anos de idade.[11]

As ações e as palavras de muitos pastores e cristãos evangélicos brasileiros neste início de século 21 são estranhas à luz do evangelho de Jesus: eles parecem se esforçar para reviver certo período conturbado do papado católico medieval. São figuras públicas, ou mesmo cidadãos comuns, os autointitulados "cidadãos de bem", que estão sempre prontos a ofender, hostilizar, criar problemas e promover a si próprios, em geral nos meios virtuais, com um discurso de ódio.

Esses comportamentos são diametralmente opostos ao preceito bíblico que diz para sermos ministros da reconciliação, como Paulo deixa claro:

Deus em Cristo Jesus estava reconciliando consigo o mundo, não levando em conta os pecados dos homens, e nos confiou a mensagem da reconciliação. Portanto, somos embaixadores de Cristo, como se Deus estivesse fazendo o seu apelo por nosso intermédio. Por amor a Cristo lhes suplicamos: Reconciliem-se com Deus. 2CORÍNTIOS 5.19-20

Essa passagem deixa claras algumas verdades: primeiro, Deus busca e trabalha em prol da reconciliação. Segundo, para isso, ele não leva em conta nossos pecados. Ora, se ele, que é Deus, em busca de se reconciliar não leva em conta nossos pecados, por que não podemos ter a mesma atitude e não levar em conta as diferenças de posicionamento e de visão que temos uns com os outros?

Terceiro, Deus nos confiou a mensagem da reconciliação, o que significa que depositou em nossas mãos a responsabilidade do ministério da reconciliação. Logo, a reconciliação não é algo opcional para o cristão, é ministério.

Quarto, se somos embaixadores de Cristo, não representamos a nós mesmos e não levamos adiante uma mensagem própria. Somos representantes de Deus e devemos levar adiante a mensagem dele, que é de reconciliação, e não de ódio e discórdia.

Quinto, a súplica final de Paulo não deixa dúvida de que os cristãos devem se dedicar à reconciliação: "Por amor a Cristo lhes suplicamos: Reconciliem-se com Deus" (e, logicamente, uns com os outros).

Portanto, fica claro que os cristãos não foram chamados para ser promotores de discórdia, ódio, factoides, de si mesmos ou de banalidades, mas, sim, da reconciliação, ministério que,

CAPÍTULO12

assim como Jesus, devemos levar adiante a um alto preço. É evidente, então, que não fomos chamados para odiar ninguém, mas, sim, para reconciliar as pessoas com Deus. E, se elas nos hostilizarem e nos agredirem, não devemos odiá-las; antes, devemos repetir as palavras reconciliadoras do Mestre: "Pai, perdoa-lhes, porque não sabem o que fazem." (Lc 23.34).

Cinco propostas práticas

Para concluir, gostaria de apresentar cinco propostas práticas para os cristãos, baseadas em cinco passagens do Novo Testamento, que afirmam a mesma realidade acerca do Senhor: Ele é o "Deus da paz".

1. Odiar menos e orar mais

A primeira proposta é baseada nas palavras de Paulo aos romanos:

> Recomendo-lhes, irmãos, por nosso Senhor Jesus Cristo e pelo amor do Espírito, que se unam a mim em minha luta. Orem para que eu esteja livre dos descrentes da Judeia e que o meu serviço em Jerusalém seja aceitável aos santos, de forma que, pela vontade de Deus, eu os visite com alegria e juntamente com vocês desfrute de um período de refrigério. O Deus da paz seja com todos vocês. Amém. ROMANOS 15.30-33

Este é um dos textos explícitos nas Escrituras em que a oração é apontada como poderosa arma espiritual da Igreja. De que modo Paulo enfrenta conflitos, como o provocado pelos descrentes da Judeia? Com ofensas e discurso de ódio? Não, ele enfrenta conflitos com oração.

Paulo recomenda a irmãos e irmãs da igreja em Roma que orem em favor dele por razões específicas, como estar livre de oposição para testemunhar o evangelho e para que passasse um período de refrigério com a igreja em Jerusalém. Os cristãos contemporâneos deveriam seguir a mesma orientação.

2. Não confundir batalha espiritual com violência física ou verbal

A segunda proposta também vem de Paulo: "Em breve o Deus da paz esmagará Satanás debaixo dos pés de vocês." (Rm 16.20). O versículo diz que o próprio Deus destruirá todo mal. Não há comando para a igreja destruir pessoas nem esmagar "incrédulos". O Novo Testamento é claro ao afirmar a natureza espiritual da batalha cristã. Nossa luta não é contra carne ou sangue, mas contra principados e potestades espirituais. Violência física ou verbal, agressão, depredação do patrimônio e todas as formas ilegítimas usadas para destruir devem ser denunciadas e condenadas pelos cristãos. Os discípulos de Cristo devem ouvir atentamente a sua voz: "Aprendam de mim, pois sou manso e humilde de coração." (Mt 11.29).

3. Preservar os pensamentos

A terceira proposta prática para os cristãos está nas palavras de Paulo aos filipenses:

> Finalmente, irmãos, tudo o que for verdadeiro, tudo o que for nobre, tudo o que for correto, tudo o que for puro, tudo o que for amável, tudo o que for de boa fama, se houver algo de excelente ou digno de louvor, pensem nessas coisas. Ponham em prática tudo o que vocês aprenderam, receberam,

CAPÍTULO 12

ouviram e viram em mim. E o Deus da paz estará com vocês.
FILIPENSES 4.8-9

O cristão é orientado a guardar sua mente de mentiras, boatos, *fake news*, futilidades e todo tipo de inutilidade. É contraproducente encher o pensamento com conteúdo estulto, pois isso vai contra o que Paulo determina. Uma mente que se deixa dominar por conteúdos que não são nobres, verdadeiros, corretos, puros, amáveis, de boa fama e dignos de louvor é esvaziada da verdade e, consequentemente, escrava da mentira, refém de amargura, ansiedade e desespero — de onde vem todo tipo de violências.

4. Manter a capacidade crítica

A quarta proposta é baseada nos preceitos transmitidos por Paulo aos cristãos de Tessalônica:

> Mas ponham à prova todas as coisas e fiquem com o que é bom. Afastem-se de toda forma de mal. Que o próprio Deus da paz os santifique inteiramente, Que todo o espírito, alma e o corpo de vocês sejam preservados irrepreensíveis na vinda de nosso Senhor Jesus Cristo. 1TESSALONICENSES 5.21-23

O cristão, portanto, não pode ser acrítico, alienado. Pelo contrário, ele é orientado a julgar todas as coisas à luz das Escrituras. Mas até mesmo — e sobretudo — nesse julgar, o cristão precisa ser cheio do Espírito e jamais idolatrar nada nem ninguém, sejam programas ideológicos, sejam líderes políticos, sejam partidos políticos, seja o que for. O texto é direto: pôr tudo à prova e ficar com o que é bom.

Assim, devemos pôr, por exemplo, o extremismo e o discurso de ódio à prova: São eles compatíveis com a fé cristã? João Calvino afirmou: "evitemos os extremismos", lembrando que não adianta fazer como "Crates de Tebas, de quem se diz que jogou seus tesouros ao mar pelo temor de que, se não fossem destruídos, fosse arruinado por eles".[12] O discípulo de Jesus aprende a caminhar nos passos de seu mestre, exercitando o discernimento e crescendo em semelhança a seu Senhor.

5. Cumprir a vontade de Deus, não cair no cinismo

A quinta proposta é baseada no que escreveu o autor da Carta aos Hebreus:

> O Deus da paz, que pelo sangue da aliança eterna trouxe de volta dentre os mortos o nosso Senhor Jesus, o grande Pastor das ovelhas, os aperfeiçoe em todo o bem para fazerem a vontade dele, e opere em nós o que lhe é agradável, mediante Jesus Cristo a quem seja a glória para todo o sempre. Amém.
> HEBREUS 13.20-21

O cristão não pode sucumbir ao ódio e ao cinismo, mas deve manter a fé no Senhor e em sua palavra, que não volta vazia. John MacArthur disse: "Se você não tem paixão e anseio pela justiça, então é duvidoso que seja um cristão."[13] Ou, como afirmou Machado de Assis, "o cinismo, que é a sinceridade dos patifes, pode contaminar uma consciência reta, pura e elevada, do mesmo modo que o bicho pode roer os mais sublimes livros do mundo".[14]

CAPÍTULO12

Diante de tanta violência, precisamos ter a consciência de que não estamos aqui simplesmente para concluir nossa vida, mas para cumprir a vontade de Deus. Para o cristão, paz é o programa da própria vida. Conforme Jesus, o Príncipe da Paz, ensinou aos seus discípulos (Lc 10.5), "paz" era a mensagem e a atitude que deveriam levar pelo caminho da missão: "Quando entrarem numa casa, digam primeiro: 'Paz a esta casa'".

Paz sobre o Brasil!

Davi Lago

Mestre em Teoria do Direito e graduado em Direito (PUC-MG). É pesquisador do Laboratório de Política, Comportamento e Mídia da Fundação São Paulo — LABÔ, onde coordena o grupo de pesquisa sobre Cidades Transparentes. Atua como colunista do portal *HSM Management*, assinando o blog Perspectivas de Carreira, e publica artigos regularmente em seu site (www.davilago.com) e em diversos portais, como Veja, Estado da Arte/Estadão, Jornal em Tempo e G1. É autor das obras *Ame o seu próximo* e *Brasil polifônico* e coautor de *Formigas*. Atua como capelão da Primeira Igreja Batista em São Paulo (SP) e como embaixador da Visão Mundial.

CONCLUSÃO

MARISA LOPES E MAURÍCIO ZÁGARI

O desafio está posto: que atitudes precisamos tomar diante da constatação de que a sociedade brasileira se entregou a um estilo de vida relacional de intolerância, agressividade, sectarismo, polarização e ódio — e a Igreja, em grande parte, foi cooptada por esse espírito? Como lidar com esse fenômeno à luz da boa-nova do Manso Cordeiro e Príncipe da Paz, cuja mensagem propõe a pacificação, a não-retaliação, o não-revide, a reconciliação e o amor? É-nos lícito nos acomodarmos ao espírito deste tempo? Ou a Escritura nos conclama a tomar iniciativas intencionais de reversão desse quadro deplorável do ponto de vista dos relacionamentos humanos e do papel de cada cristão de ser sal da terra e luz do mundo?

Ao longo desta obra, lemos reflexões de diferentes representantes do pensamento teológico, filosófico e acadêmico, oriundos da América Latina, da América do Norte e da África, que convidamos para compartilhar seu diagnóstico acerca de como a Igreja tem caminhado em dias de polarização e ódio, propor tratamentos e indicar um prognóstico. A constatação é unânime: algo não está certo. E alguma atitude precisa ser tomada. Acomodar-se não pode ser o caminho, pois significa tornar-se cúmplice — quando não promotor — de um estado de coisas que confronta a proposta da mensagem da cruz.

A Igreja não foi chamada para travar guerras santas, muito menos contra si mesma. O apóstolo Paulo é enfático ao explicitar quão multifacetado é o Corpo de Cristo e deixar claro que essa pluralidade não é um problema:

> Alguns de nós são judeus, alguns são gentios, alguns são escravos e alguns são livres, mas todos nós fomos batizados em um só corpo pelo único Espírito, e todos recebemos o privilégio de beber do mesmo Espírito. [...] Mas nosso corpo tem muitas partes, e Deus colocou cada uma delas onde ele quis. O corpo deixaria de ser corpo se tivesse apenas uma parte.
> 1CORÍNTIOS 12.13,18-19

Infelizmente, muitos membros do Corpo de Cristo não toleram a diversidade que o próprio Cabeça permite, e essa intolerância tem promovido polarizações, agressões, desqualificações e o discurso de ódio. É o Corpo se autoflagelando, num sadomasoquismo relacional que não encontra espaço na ética do Reino de Deus.

Jesus é o único capaz de nos fazer converter espadas em arado, pois olha para a cidade dos homens pelas lentes da cidade de Deus. O que ele fez com Paulo, o assassino de cristãos? Acaso Jesus odiou Paulo? Atacou? Desmoralizou? Hostilizou-o nas

CONCLUSÃO

arenas públicas da época? Não. Jesus tirou as escamas dos olhos de Paulo e transformou o maior cristofóbico da época em um dos maiores apóstolos da história do cristianismo.

Será que os crimes, a violência e as mortes que o fariseu Paulo cometeu foram menos graves do que as faltas que, com tanto ódio no coração, atribuímos hoje a alguns de nossos irmãos em Cristo e que nos levam a atacá-los com tanta fúria? Certamente, há consenso quanto a essa resposta. Diante dessa constatação, é preciso deixar de lado o ódio por quem tem opiniões divergentes e os bate-bocas infrutíferos das redes sociais e nos concentrarmos no problema das escamas nos olhos (nossos e de nossos irmãos).

Precisamos orar para que nós e o nosso próximo — a quem recebemos a ordem de amar — nos encontremos com Cristo pelas estradas da vida. E que nesse encontro o Senhor nos revele os erros deles e os nossos e remova toda escama que esteja impedindo a nós e a eles de contemplar a sua luz e de dar testemunho dela ao mundo. Foi isto que Jesus nos disse que fizéssemos: dar testemunho de sua luz ao mundo, em vez de contribuir para aumentar as trevas.

Só há um caminho para cumprirmos o agradável, bom e perfeito querer divino: trazer à memória quem Deus é e o que espera de nós. Como? Dando um passo atrás, saindo do meio do burburinho de vozes sectárias e agressivas e resgatando a essência do que há dois mil anos está registrado nas Escrituras como bússola para nossas palavras e atitudes — essência essa que muitos parecem ter esquecido e que gira em torno do fruto do Espírito: amor, alegria, paz, paciência, amabilidade, bondade, fidelidade, mansidão e domínio próprio.

Se nos distanciarmos intencionalmente dos que adotam o ódio como estilo de vida e recorrermos à Palavra de Deus, lembraremos de atitudes fundamentais para os nossos dias, como:

Sejam sempre humildes e amáveis, tolerando pacientemente uns aos outros em amor. Façam todo o possível para se manterem unidos no Espírito, ligados pelo vínculo da paz. EFÉSIOS 4.2-3

Evitem o linguajar sujo e insultante. Que todas as suas palavras sejam boas e úteis, a fim de dar ânimo àqueles que as ouvirem. EFÉSIOS 4.29

Não entristeçam o Espírito Santo de Deus, o selo que ele colocou sobre vocês para o dia em que nos resgatará como sua propriedade. Livrem-se de toda amargura, raiva, ira, das palavras ásperas e da calúnia, e de todo tipo de maldade. Em vez disso, sejam bondosos e tenham compaixão uns dos outros, perdoando-se como Deus os perdoou em Cristo. EFÉSIOS 4.30-32

O servo do Senhor não deve viver brigando, mas ser amável com todos, apto a ensinar e paciente. Instrua com mansidão aqueles que se opõem, na esperança de que Deus os leve ao arrependimento e, assim, conheçam a verdade. 2TIMÓTEO 2.24-25

Eis o caminho. Resta a cada um de nós decidir se deseja ser um semeador do evangelho da paz ou um propagador do discurso de ódio. A nossa opção revelará como anda nosso coração com Deus, impactará positiva ou negativamente este mundo e, com certeza, ecoará por toda eternidade.

NOTAS

Introdução

1 SIQUEIRA, Gutierres Fernandes. *Reino dividido: Como o pecado do sectarismo sabota a vontade de Deus para a igreja*. Rio de Janeiro: GodBooks, 2021, p. 30-31.

2 BUNYAN, John. Rio de Janeiro: GodBooks, 2020, p. 18.

3 Idem, p. 26.

4 MIGUEL. Igor; CABRAL, Marcelo; MARQUES, Marlon; COUTO, Vinícius. *Somos (apenas) cristãos*. Rio de Janeiro: GodBooks, 2020, p. 54.

5 VAILATTI, Carlos Augusto. "Prefácio". In.: *Somos (apenas) cristãos*. Rio de Janeiro: GodBooks, 2020, p. 17-18.

6 Idem, p. 45.

Capítulo 1

1 NABUCO, Joaquim. *Minha formação*. São Paulo: Editora 34, 2012, p. 73.

2 _____. *O abolicionismo*. Petrópolis: Editora Vozes, 2012, p. 7.

3 Era comum a presença de escravistas nos dois partidos que dominavam o cenário político oitocentista, o conservador e o liberal. Além disso, "a nossa magistratura na sua generalidade, cúmplice da escravidão, como o foi, tanto tempo, do tráfico" (NABUCO, Joaquim. *O abolicionismo*, p. 64), trabalhava a serviço do poder escravocrata vigente, interpretando as leis de forma tendenciosa. O exército, por sua vez, também era um grande obstáculo à liberdade, incumbindo-se de procurar os escravos que fugiam: em outubro de 1887, promoveu um massacre contra 150 escravos que saíram de Capivari em direção a Santos, cidade que já respirava os ares da abolição. Por fim, a Igreja Católica, portadora da mensagem cristã, nunca fez uso dos seus altares para denunciar a exploração do homem pelo homem no Brasil. Ao invés disso, "se

NOTAS

sentou na primeira cadeira de um estado escravocrata". (NABUCO, Joaquim. *A escravidão*, p. 39). Sobre a relação entre a Igreja Católica e a escravidão, ver FONSECA, Luís Anselmo da. *A escravidão, o clero e o abolicionismo*. Recife: Massangana, 1988.

4 OAKESHOTT, Michael. *A política da fé e a política do ceticismo*. São Paulo: É Realizações Editora. 2018, p. 43.

5 Idem.

6 PARMÊNIDES. *Da natureza*. São Paulo: Loyola, 2002, frag. 6.

7 Aqui, "ser" não é uma pessoa, mas uma categoria filosófica: tudo o que é pensado (qualquer ideia representada pelo intelecto) possui o ser. Sem o ser e a linguagem não há pensamento.

8 A campanha *Será verdade?*, promovida pelo jornalismo da TV Cultura, convidou intelectuais para discutir o fenômeno das notícias falsas e apontar como identificá-las. Disponível em <https://tvcultura.com.br/videos/68735_panorama-fake-news-17-04-2019.html>. Acesso em: 22 jan. de 2020. Sobre o papel das *fake news* na política atual, ver DA EMPOLI, Giuliano. *Os engenheiros do caos: Como as fake news, as teorias da conspiração e os algoritmos estão sendo utilizados para disseminar ódio, medo e influenciar eleições*. São Paulo: Vestígio, 2020.

9 MARTINS, Andrei Venturini. *A verdade é insuportável: Ensaios sobre a hipocrisia*. São Paulo: Filocalia, 2019, p. 90.

10 Gilberto Freyre afirma a existência do "cristianismo lírico à portuguesa" (FREYRE, Gilberto. *Casa-grande e senzala*. Rio de Janeiro: Record, 1998, p. 54), em que a proximidade de sagrado e profano cria uma relação de intimidade entre o humano e o sobrenatural.

11 Idem, p. 30.

12 JUNIOR, W.; GOUVEIA, O.; AVENDANO, M. (Orgs.). *Sementes de amor: A sabedoria de Irmã Dulce*. Rio de Janeiro: Record, 2002, p. 85.

13 Idem, p. 78.

Capítulo 2

1 Cf. HOBBES, Thomas. *Leviatã*, 1651.

2 Cf. LOCKE, John, *Cartas sobre a tolerância,* 1689, grifos do autor.

3 Cf. MARX, Karl. *Crítica do programa de Gotha*, 1875.

Capítulo 3

1 YANCEY, Philip. *O eclipse da graça: Onde foi parar a boa-nova do cristianismo?* São Paulo: Mundo Cristão, 2015, p. 15.

NOTAS

2   MANNING, Brennan. *O evangelho maltrapilho*. São Paulo: Mundo Cristão, 2005, p. 16.

3   Idem, p. 23.

4   STOTT, John. *O cristão em uma sociedade não cristã*. São Paulo: Thomas Nelson, 2019, p. 93.

5   YANCEY, 2015, p. 78-79.

6   LEWIS, C. S. *Cristianismo puro e simples*. São Paulo: Martins Fontes, 2008, p. 111.

7   Idem, p. 135-136.

8   YANCEY, 2015, p. 245.

9   AZEVEDO, Israel Belo. *A celebração do indivíduo: A formação do pensamento batista brasileiro*. Piracicaba: Unimep, 1996.

10 YANCEY, 2015, p. 221.

11 STOTT, 2019, p. 47.

12 Idem, p. 22.

13 Idem, p. 103.

14 KING, Martin Luther. *100 frases de Martin Luther King Jr.: A sabedoria de um dos maiores líderes políticos do século XX*, 2018, p. 8. Disponível em: <https://portugues.free-ebooks.net/ebook/100-Frases-de-Martin-Luther-King>. Acesso em: 12 de mai. de 2021.

15 LEWIS, 2008.

16 STOTT, John. *A cruz de Cristo*. São Paulo: Vida, 1992, p. 270-271.

Capítulo 4

1   BLOMBERG, Craig L. "The New Testament Definition of Heresy (or When Do Jesus and the Apostles Really Get Mad?)" *Journal of the Evangelical Theological Society*, 45, 2002, p. 59-72.

2   PENNINGTON, Jonathan. *The Sermon on the Mount and Human Flourishing: A Theological Commentary*. Grand Rapids: Baker, 2017.

3   BAUER, Walter (Ed.), *A Greek-English Lexicon of the New Testament and Early Christian Literature*, 2. ed., rev. William F. Arndt, F. Wilbur Gingrich e Friedrich W. Danker. Chicago: University of Chicago Press, 1979.

4   Cf. BLOMBERG, Craig L. "On Building and Breaking Barriers: Forgiveness, Salvation and Christian Counseling with Special Reference to Matthew 18:15-35", *Journal of Psychology and Christianity*, 25, 2006, p. 137-154.

5   HAGNER, Donald A. *Matthew 14-28*. Dallas: Word, 1995, p. 601.

NOTAS

Capítulo 5

1   BRICK, Cameron; LINDEN, Sander van der. "How identity, not issues, explains the partisan divide: New research has disturbing implications." Disponível em <https://socientifica.com.br/2018/11/04/como-identidade-nao-os-temas--explica-divisao-partidaria-nova-pesquisa-tem-implicacoes-preocupantes/>. Acesso em: 10 de mai. de 2020.

2   MARTIN, Buber, *Eu e tu*. São Paulo: Centauro, 2001.

3   Idem, p. 95.

4   WARREN, Rick. *Uma vida com propósitos.* São Paulo: Vida, 2016, dia 21, *e-book*.

5   AGOSTINHO. *A Trindade 5-7*, p. 191-258, citado em "Agostinho e a Santíssima Trindade", artigo de Franklin Ferreira para a Revista *Fé para Hoje*. Disponível em <https://ministeriofiel.com.br/artigos/agostinho-e-a-santissima-trindade/#_ftn27>. Acesso em: 22 de mai. de 2020.

Capítulo 7

1   SABORIT, Ignasi Terradas. *Religiosidade na Revolução Francesa*. Rio de Janeiro: Centro Edelstein de Pesquisas Sociais, 2009, p. 2. Segundo Saborit: "No que tem de verdadeiro, o espírito da Revolução Francesa é o de identificar-se ao princípio do cristianismo. Em meio a todas as paixões vertiginosas, essa ideia reaparece de vez em quando, de Mirabeau a Danton; a arca da aliança que brilha sob a chuva de sangue pode ser considerada uma herança de todos os partidos. Depois de dezoito séculos, o homem começa, por fim, a declarar que Deus encarnou-se no homem; essa consciência cheia de reflexão sobre a presença do Espírito Divino cria um novo Código de direitos e deveres. A Revolução, desde sua origem, promete ser religiosa e universal, donde deriva uma consequência primordial: seu espírito rejeita tudo o que age em detrimento da dignidade interna do gênero humano" (p. 5).

2   A Bastilha (em francês, *Bastille*) era mais conhecida por ter sido uma prisão, que funcionou do início do século 17 até o final do século 18, e tornou-se símbolo da opressão absolutista.

3   Ao longo da revolução, a França viveu as seguintes fases: Assembleia Nacional Constituinte, Assembleia Legislativa, Convenção Nacional e Diretório. Os principais partidos eram os girondinos (conservadores), defensores da aplicação de medidas conservadoras, e os jacobinos (liberais), defensores de profundas transformações sociais, econômicas e políticas.

4   Burke faz severas críticas à Revolução Francesa em seu ensaio *Reflexões sobre a Revolução na França*, publicado em 1790. Ele é considerado um dos pais do conservadorismo político moderno.

NOTAS

5   ALMEIDA, Ronaldo. "Bolsonaro Presidente. Conservadorismo, evangelismo e a crise brasileira". *Novos Estudos*. São Paulo: CEBRAP, v. 38, Janeiro-Abril 2019, p. 185.

6   O emolumento a que julgavam ter direito os curas, vigários e outros eclesiásticos.

7   GODOY, Edvilson de. "Enfoques do pensamento de René Girard". *Revista de Cultura Teológica*, v. 20, n. 80, Outubro-Dezembro 2012, p. 119.

8   HOBSBAWM, Eric. *A Era das Revoluções 1789-1848*. Rio de Janeiro: Paz e Terra, 2015.

9   CHAUÍ, Marilena. *Convite à filosofia*. São Paulo: Editora Ática, 2000, p. 389.

10   Os anabatistas não condenavam a participação cristã nos afazeres do Estado e na vida pública. Assim, abriram o caminho para uma nova síntese: a separação entre "religião e Estado", mas com a possibilidade da fusão entre "religião e vida pública". Os primeiros defensores desse princípio, tão característico do nosso mundo, não eram descrentes céticos, mas cristãos convictos. Para eles, o conceito de tolerância religiosa e de um Estado não confessional surgia das suas convicções religiosas. O pluralismo era defendido em bases teológicas. Como disse um batista inglês, em 1614: "Que sejam hereges, turcos, judeus ou o que for, não compete ao governo puni-los". Esse princípio foi implementado na colônia de Rhode Island, cujo fundador escreveu: "É a vontade de Deus em todas as nações que todos os homens tenham a liberdade de consciência e de adoração, sejam eles pagãos, turcos ou anticristãos [...] o Estado não deve ser cristão, mas meramente natural, humano e civil" (FRESTON, 2014).

11   FRESTON, Paul. *Religião e Política, sim, Igreja e Estado, não: Os evangélicos e a participação política*. Viçosa: Ultimato, 2006, p. 36-37.

12   Idem, p. 37.

13   ALMEIDA, p. 189.

14   NEGRÃO, Luis Nogueira. "Revisitando o messianismo no Brasil e profetizando seu futuro". *Revista Brasileira de Ciências Sociais*, v. 16, n. 46, junho 2001. Disponível em: <http://dx.doi.org/10.1590/S0102-69092001000200006>. Acesso em: 6 de mai. de 2021.

Capítulo 8

1   "A vida social aparece centralizada em torno do palácio, cujo papel é, ao mesmo tempo, religioso, político, militar, administrativo e econômico. Nesse sistema de economia que se denominou palaciana, o rei concentra e unifica em sua pessoa todos os elementos do poder, todos os aspectos da soberania." VERNANT, Jean-Pierre. *As origens do pensamento grego*. Rio de Janeiro: Difel, 2006, p. 24.

NOTAS

2   É também no período moderno que ocorre o surgimento da expectativa utópica, a partir da obra de Thomas More *Utopia* (1516), embora outras obras semelhantes fossem produzidas no período, como a *Cidade do Sol* (1602), de Tommaso Campanella, e *Nova Atlântida* (1626), de Francis Bacon. Há abundante literatura a respeito, mas destacamos aqui os ensaios de Paolo Prodi e Massimo Cacciari, de recente publicação no Brasil. CACCIARI, Massimo; PRODI, Paolo. *Ocidente sem utopias*. Belo Horizonte: Âyiné, 2017.

3   Referência aos filósofos franceses do século 18, associados ao Iluminismo.

4   O governo revolucionário procurou estabelecer o culto ao "Ser Supremo" e o "Culto da Razão", em substituição ao cristianismo. Ver SCURR, Ruth. *Pureza fatal: Robespierre e a Revolução Francesa*. Rio de Janeiro: Record, 2009. Chama ainda a atenção a fala de Tocqueville a respeito do período revolucionário, que nos soa muito atual: "Como os que negavam o cristianismo erguiam a voz e os que ainda acreditavam faziam silêncio, aconteceu o que desde então se viu tão frequentemente entre nós, não apenas em matéria de religião, mas em qualquer outra matéria. Os homens que conservavam a antiga fé (cristã) temeram ser os únicos a permanecer fiéis e, receando mais o isolamento do que o erro, juntaram-se à multidão sem pensar como ela. Assim, o que ainda era o sentimento de apenas uma parte da nação aparentou ser a opinião de todos e por isso pareceu irresistível justamente aos olhos dos que lhe davam essa falsa aparência". TOCQUEVILLE, Alexis de. *O Antigo Regime e a Revolução*. São Paulo: Martins Fontes, 2009, p. 172.

5   A partir da Revolução Francesa, todo tipo de programa político imposto acabou culminando em massacres (como no caso da Revolução Russa, da Revolução Cultural Chinesa e mesmo do nazifascismo).

6   Personagem da mitologia grega. Procusto recebia hóspedes em sua casa, mas, se o hóspede fosse maior que a cama, ele lhe cortava as pernas; se fosse menor, ele esticava o hóspede até a morte.

7   BOTELHO, André (Org). *Essencial sociologia*. São Paulo: Companhia das Letras, 2013, p. 501-502.

8   CACCIARI, Massimo. *O poder que freia*. Belo Horizonte: Âyiné, 2019, p. 130-131.

9   CARSON, D. A. *Cristo & cultura: Uma releitura*. São Paulo: Vida Nova, 2012, p. 172.

10 SMITH, James K. A. *Aguardando o Rei: Reformando a teologia pública*. São Paulo: Vida Nova, 2020, p. 56.

11 Referência à invasão dos vândalos, sob o comando de Genserico, na província africana.

NOTAS

12 SCHAFF, Philip (Org). *A select library of the Nicene and Post-Nicene Fathers of the Christian Church. Volume I: The Confessions and letters of St. Augustin, with a sketch of his life and work.* Edinburg: T&T Clark, 1988, p. 554.

13 AGAMBEN, Giorgio. *A igreja e o reino.* Belo Horizonte: Âyiné, 2016, p. 23.

14 Pelágio foi um adversário teológico de Agostinho que negava o pecado original e acreditava que bastava o esforço humano para que o homem agisse fazendo o bem; Agostinho enfatizava a necessidade da graça divina, condição única para que o homem se voltasse a Deus e obedecesse à sua lei.

15 Naturalmente, Agostinho não é o único autor cristão que trata das questões políticas, mas é muito recomendável que comecemos por ele, uma vez que é um dos que primeiro escreveram com propriedade sobre o assunto e continua relevante para o nosso tempo.

16 AGOSTINHO. *A cidade de Deus.* Lisboa: Fundação Calouste Gulbenkian, 1993, p. 1319.

17 AGOSTINHO. *Confissões.* São Paulo: Companhia das Letras, 2017, p. 33.

18 "A igreja de Deus que vive como estrangeira em Roma, para a igreja de Deus que vive como estrangeira em Corinto", conforme se lê na primeira carta de Clemente Romano aos coríntios. Agamben nos diz que "o termo grego 'paroikousa', que traduzi por 'em estância', designa a morada provisória do exilado, do colono ou do estrangeiro, em oposição à residência de pleno direito do cidadão [...]". *Padres apostólicos.* São Paulo: Paulus, 1995, p. 23; AGAMBEN, Giorgio. *A igreja e o reino.* Belo Horizonte: Âyiné, 2016, p. 11.

19 Gertrude Himmelfarb descreve ricamente como o metodismo foi uma obra da Igreja cristã que propagou a moral bíblica na Inglaterra e nos EUA, principalmente entre os pobres, sem apoio governamental ou da igreja estatal. HIMMELFARB, Gertrude. *Os caminhos para a modernidade: Os iluminismos britânico, francês e americano.* São Paulo: É Realizações, 2011.

20 BUNYAN, John. *O peregrino.* São Paulo: Mundo Cristão, 1999.

Capítulo 9

1 BONHOEFFER, Dietrich, *Vida em comunhão.* São Leopoldo: Sinodal, 1997, p. 14.

2 Disponível em: <https://www.tiendaprado.com/es/impresion-a-la-carta/7903-el-sueno-de-la-razon-produce-monstruos-290350.html>. Acesso em: 12 de mai. de 2021.

3 ELIOT, T. S. *Poemas.* São Paulo: Companhia das letras, 2018, p. 167.

4 SMITH, James K. A. *Você é aquilo que ama: O poder espiritual do hábito.* São Paulo: Vida Nova, 2017, p. 26.

NOTAS

5   RYKEN, Philip. *O Messias vem à Terra Média*. Brasília: Monergismo, 2018, p. 66.

6   TOLKIEN, J. R. R. *O Senhor dos Anéis*. São Paulo: Martins Fontes, 2009, p. 433.

7   TUTU, Desmond. *Criados para o bem*, Rio de Janeiro: Thomas Nelson Brasil, 2011, p. 26.

Capítulo 10

1   As palavras "alegria" e "regozijo" são citadas não menos que dezesseis vezes em Filipenses: 1.4; 1.18 (duas vezes); 1.25; 2.2; 2.17 (duas vezes); 2.18 (duas vezes); 2.28-29; 3.1; 4.1,4 (duas vezes); e 4.10.

Capítulo 12

1   MICHAUD, Yves. *A violência*. São Paulo: Ática, 1989.

2   *Vis*: nome feminino empregado classicamente em três sentidos: 1) Força; 2) valor, significação de uma palavra; 3) caráter essencial de uma coisa (FONTANIER, Jean-Michel. *Vocabulário latino da filosofia: de Cícero a Heidegger*. São Paulo: WMF Martins Fontes, 2007, p. 137).

3   Para uma visão panorâmica sobre os conceitos de "violência", cf. COSTA, Maria Regina; PIMENTA, Carlos Alberto Máximo. *A violência: natural ou sociocultural*. São Paulo: Paulus, 2006.

4   ADORNO, Sergio. *Violência e crime: Sob o domínio do medo na sociedade brasileira*. In: BOTELHO, André; SCHWARCZ, Lilia Moritz. *Agenda brasileira: Temas de uma sociedade em mudança*. São Paulo: Companhia das Letras, 2011.

5   Para um exame das relações entre desigualdade social e violência urbana no Brasil, cf. ADORNO, Sergio. "Exclusão socioeconômica e violência urbana". *Sociologias*. Porto Alegre, ano 4, n. 8, jul/dez 2002, p. 84-135.

6   IPEA. *Atlas da Violência*. Disponível em: <https://www.ipea.gov.br/atlasviolencia/dados-series/20> Acesso em: 15 de mai. 2020.

7   SCHWARCZ, Lilia M. *Sobre o autoritarismo brasileiro*. São Paulo: Companhia das Letras, 2019, p. 153.

8   BUCCI, Eugênio. *A forma bruta dos protestos: Das manifestações de junho de 2013 à queda de Dilma Rousseff em 2016*. São Paulo: Companhia das Letras, 2016, p. 29-30.

9   AVRITZER, Leonardo. *O pêndulo da democracia*. São Paulo: Todavia, 2019, p. 132.

10 Para exame do avanço da intolerância na internet, cf. CARVALHO, Carlos Alberto. "Banalidade do mal em comentários de leitores: Internet e disseminação da intolerância." *Revista da Associação Nacional dos Programas*

NOTAS

de Pós-Graduação em Comunicação, v. 19, n. 2, mai/ago, 2016, p. 1-18. Para estudo da conjuntura da intolerância religiosa no Brasil, cf. SILVA, Clemildo Anacleto da; RIBEIRO, Maria Bueno. *Intolerância religiosa e direitos humanos: Mapeamentos de intolerância*. Porto Alegre: Sulina, 2007.

11 CREVELD, Martin van. *Ascensão e declínio do Estado*. São Paulo: Martins Fontes, 2004, p. 85-86.

12 CALVINO, João. *A verdadeira vida cristã*. São Paulo: Novo Século, 2001, p. 69-70.

13 MACARTHUR, John. *Colunas do caráter cristão*. São Paulo: Cultura Cristã, 2015, p. 142.

14 ASSIS, Machado de. *Máximas, pensamentos e ditos agudos*. São Paulo: Companhia das Letras, 2017, p. 67.

Conheça outras obras da
GodBooks

UM CLAMOR POR UNIDADE E PAZ NA IGREJA

No mundo da era digital, quando as redes sociais e outras mídias amplificaram a amarga voz de pessoas agressivas e sectárias que trafegam pelos corredores das igrejas, ouvir a voz de John Bunyan é mais que um bálsamo: é uma urgência. Neste livro, o autor de *O peregrino* conclama os cristãos a priorizar a unidade pelo que têm em comum em vez de se atacar pelo que têm de diferente.

SEXO E SANTIDADE

Como podemos ter uma vida sexual plena, intensa e prazerosa diante de nossas inclinações e de uma sociedade que questiona incessantemente o sexo bíblico? É possível extrair o máximo de prazer do sexo sem acabar imerso em pecado e culpa? É o que Augustus Nicodemus responde no esclarecedor e transformador *Sexo e santidade*, um livro para casados e solteiros de todas as idades.

SOMOS (APENAS) CRISTÃOS

É possível calvinistas e arminianos viverem em unidade e paz? Neste livro, mais do que oferecer palavras e conceitos, os autores — dois calvinistas e dois arminianos — provam, na prática, que é perfeitamente possível filhos de Deus conviverem e colaborarem de forma harmônica e produtiva, apesar de discordar em alguns aspectos da fé, rejeitando o sectarismo e o narcisismo teológico.

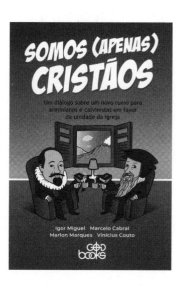

REINO DIVIDIDO

Muitos são os grupos, as práticas e as crenças que separam os membros do corpo de Cristo. Se ter divergências faz parte da natureza humana, qual seria a forma bíblica de lidar com elas? Promovendo unidade na diversidade ou sectarismo exclusivista? É o que Gutierres Fernandes Siqueira responde em *Reino dividido*.

A CURA DA SOLIDÃO

Estatísticas e pesquisas científicas mostram que há uma pandemia de solidão em curso, que faz vítimas, inclusive, entre cristãos. Fato é que existem, até mesmo nas igrejas, multidões que sofrem, silenciosamente, com as dores da solidão. A boa notícia é que esse mal tem cura e ela está ao alcance de quem sofre do problema e de todo aquele que deseja contribuir para a cura dos solitários.

O IMPÉRIO DO AMOR

Este livro remete a um profundo senso de temor ao Senhor, piedade e devoção ao próximo, e chama a uma importante reflexão sobre o papel do amor na vida do cristão. O autor mostra que, mais do que um conceito, o amor bíblico é uma prática revolucionária e transformadora. O pastor W. J. Dawson deu uma guinada surpreendente em seu ministério quando descobriu o verdadeiro sentido do amor.

FELICIDADE VERDADEIRA

As bem-aventuranças são um tratado sobre a verdadeira felicidade cristã. Para que você possa compreender com exatidão o que é a real alegria de um filho e uma filha de Deus, à luz do evangelho de Cristo, é necessário determinar o que define a vida de quem é verdadeiramente regenerado pelo Espírito Santo. E é isso que Heber Campos Jr. faz, com primazia, em *Felicidade verdadeira*.

HEROÍNAS DA FÉ

Este devocional inovador traz reflexões muito atuais a partir da Bíblia e da biografia de dezenas de mulheres que desempenharam importante papel na trajetória do cristianismo, das mártires da igreja primitiva às pioneiras da igreja evangélica brasileira. Rute Salviano Almeida conciliou sua formação e experiência como teóloga e historiadora em um livro que informa e edifica.

Adquira pelo www.godbooks.com.br
Siga-nos nas redes sociais: @editoragodbooks

Livros para a edificação do leitor,
a unidade da igreja e a glória de Deus

Este livro foi impresso pela Exklusiva, em 2021, para a Thomas Nelson Brasil. O papel do miolo é pólen soft 80g/m², e o da capa é cartão 250g/m².